日本自卫队战力
大揭秘

［日］竹内修　赤城裕行　奈良原裕也　著

崔泽浩　译

机械工业出版社
CHINA MACHINE PRESS

本书以急剧变化的日本自卫队新型武器装备为切入点，配合精美的自卫队武器装备以及演习的照片，详细解析了日本陆、海、空自卫队的构成，还特别介绍了日本自卫队中的特种部队。作者结合自己曾经服役于自卫队的亲身经历，向读者介绍了日本自卫队的武器装备、部队编制和部署及其整体发展情况。为广大军事爱好者提供了全面了解我们东亚近邻——日本所拥有的自卫队的战力和发展水平，在提高大家的国防意识的同时，也为读者提供了一本兼具知识性和趣味性的日本军事图书。

Original Japanese title: JIEITAI SENRYOKU TETTEI BUNSEKI
Copyright © 2015 by Osamu Takeuchi, Yuya Narahara, Hiroyuki Akagi
Original Japanese edition published by Kasakura Publishing Co., Ltd.
Simplified Chinese translation rights arranged with Kasakura Publishing Co., Ltd. through The English Agency (Japan) Ltd. and Sun Agents

北京市版权局著作权合同登记　图字：01-2019-4271号。

图书在版编目（CIP）数据

日本自卫队战力大揭秘 /（日）竹内修，（日）赤城裕行，（日）奈良原裕也著；崔泽浩译. — 北京：机械工业出版社，2020.9（2022.8重印）
ISBN 978-7-111-66413-0

Ⅰ.①日… Ⅱ.①竹…②赤…③奈…④崔… Ⅲ.①自卫队–军事实力–日本 Ⅳ.①E313.1

中国版本图书馆CIP数据核字（2020）第162674号

机械工业出版社（北京市百万庄大街22号　邮政编码100037）
策划编辑：韩伟喆　　　　　责任编辑：韩伟喆
责任校对：张莎莎　史静怡　营销编辑：马　琳
责任印制：常天培
北京宝隆世纪印刷有限公司印刷
2022年8月第1版第2次印刷
145mm×210mm・5.875印张・197千字
标准书号：ISBN 978-7-111-66413-0
定价：59.00元

电话服务　　　　　　　　　网络服务
客服电话：010-88361066　　机　工　官　网：www.cmpbook.com
　　　　　010-88379833　　机　工　官　博：weibo.com/cmp1952
　　　　　010-68326294　　金　书　网：www.golden-book.com
封底无防伪标均为盗版　　　机工教育服务网：www.cmpedu.com

前　言

　　日本自卫队在成立之初装备的都是美军提供的武器，由于担心军国主义会就此复生，所以当时并没有获得多少日本民众的信赖与支持。而如今，以自制装备为主的日本自卫队，拥有世界一流的硬件水平，加上在救灾活动中积极的表现，现在的日本自卫队已经发展成为一个寄托着日本国民信任的组织。

　　从创立初期到冷战结束，日本自卫队的主要任务也从一开始的保护日本免遭假想敌——苏联的侵略，逐渐向为国际社会做贡献及救险抗灾等多样化发展。

　　在2013年末发表的展示未来10年间日本安全保障方向的《防卫计划大纲》中，日本自卫队在"统合机动防卫力量"这一新概念下，也提出了积极发展和平主义的口号，同时其正在大幅度改变形象。

　　在本书中，除了目前日本自卫队的主力装备和编制之外，我们也会为大家尽可能简单地介绍那些为了实现"统合机动防卫力量"而引进的新式装备以及编制的变化。

　　衷心希望您在阅读本书后能够对日本自卫队有更深一步的了解。

日本自卫队战力大揭秘

目 录

前言

第一章
最新式武器展示 ... 9

第二章
彻底改变！
日本自卫队的新时代装备 ... 19

ATD-X先进技术验证机 ... 20
F-35A（"闪电Ⅱ"）战斗机 ... 22
P-1巡逻机 ... 26
XC-2运输机 ... 30
V-22"鱼鹰"倾转旋翼机 ... 34
RQ-4"全球鹰"无人机 ... 36
出云级直升机驱逐舰 ... 38
日向级直升机驱逐舰 ... 42
秋月级导弹驱逐舰 ... 44
苍龙级潜艇 ... 46
10式坦克 ... 48
MCV轮式机动战车 ... 50
AAV-7两栖突击车 ... 52
"爱国者-3"MSE防空导弹 ... 54
12式反舰导弹 ... 56

第三章
日本自卫队的特种部队 ... 59

日本海上自卫队特种部队——特别警备队 ... 60
日本陆上自卫队的特种部队——特殊作战群 ... 64

第四章
日本航空自卫队的武器装备 ... 67

F-15战斗机 ... 68
F-2战斗机 ... 72
F-4EJ改战斗机 ... 76
E-767预警机 ... 80
E-2C预警机 ... 84
KC-767加油机 ... 86
C-130H运输机 ... 88
CH-47运输直升机 ... 90
UH-60J直升机 ... 92
J/FPS-5雷达 ... 94
聚焦 关于日本航空自卫队的小知识 ... 96

第五章
日本海上自卫队的装备 ... 97

金刚级驱逐舰 ... 98
爱宕级驱逐舰 ... 102
村雨级驱逐舰 ... 106
高波级驱逐舰 ... 108
大隅级运输舰 ... 110

亲潮级潜艇 112

浦贺级扫雷母舰 114

江之岛级扫雷舰 116

隼级导弹艇 118

LCAC气垫登陆艇 120

US-2水上飞机 122

P-3C反潜机 124

SH-60舰载直升机 126

聚焦 在日本海上自卫队服役的女性队员 128

第六章
日本陆上自卫队的装备 129

90式坦克 130

74式坦克 134

96式轮式装甲车 136

89式步兵战车 140

LAV轻型装甲车 142

防核生化武器侦察车（NBC侦察车） 144

87式自行高射炮 146

99式自行榴弹炮 148

中程多用途导弹系统 150

03式中距地空导弹 152

AH-64D"阿帕奇"武装直升机 154

AH-1S武装直升机 156

CH-47J/JA直升机 158

110毫米反坦克火箭弹 160

聚焦 日本陆上自卫队的车辆小知识 162

目 录

第七章
日本自卫队编制的变更 ... 163

日本自卫队的编制 ... 164
沿岸监视队 ... 167
第一空降团 ... 169
聚焦 日本陆上自卫队逐步进化的作战服 ... 170

第八章
日本自卫队的演习照片 ... 171

富士综合火力演习 ... 172
环太平洋军事演习 ... 182
聚焦 升级的日美联合军演 ... 188

来源：gaku915

第一章

最新式武器展示

2015年3月服役的出云级直升机驱逐舰。比日向级更大,强化了海空协同作战和多功能性。　　　　　　来源:柿谷哲也

使用日本制造的主炮和穿甲弹的 10 式坦克，于 2012 年 12 月交付驹门驻屯地的第 1 坦克大队。　来源：柿谷哲也

拥有惊人续航能力可以执行海外派遣任务的 XC-2 运输机。2016 年交付实战部队。　　来源：gaku915

ATD-X 是为了战斗机研发工作而打造的试验机,用于试验高端技术。机体造型有利于隐身性能。
　　来源:日本防卫省技术研究本部

日本航空自卫队的 F-4EJ 改的后继机型 F-35A 将会作为新时代主力战斗机进行部署。
　　来源:洛克希德·马丁公司

日本海上自卫队 P-3C 巡逻机的后继机型 P-1 巡逻机。日本国内各企业共计 1800 名技术人员参与研发制造。
来源：日本海上自卫队

搭载大量先进设备的"苍龙号"潜艇，可持续潜航 2 周。
来源：日本海上自卫队

拥有超高巡航能力的"全球鹰"无人机。可在18000米高空进行照相和电子情报的收集工作。
来源：Keisuke Kariya

"爱国者-3"防空导弹。可以同时应对从低空到高空的多个目标。
来源：Chinh Dang-Vu

来源:Masaomi Matsuzawa

第二章

彻底改变!
日本自卫队的新时代装备

迈向未来战斗机的重要第一步
ATD-X 先进技术验证机

"心神"战斗机搭载了两台 IHI 公司研发的 XF5-1 发动机。XF5-1 发动机的技术也运用到了后期 P-1 巡逻机的引擎中。
来源：日本防卫省技术研究本部

兼备高隐身性和高机动性

以"心神"这个名字被大众所知晓的先进技术验证机 ATD-X 具备隐身性能，并配置有过失速机动系统（PSM），以及被推迟装备试验机的有源电子扫描阵（AESA）。如果日本想要实现未来战斗机国产化，那么日本自卫队针对这些先进技术的研究试验都是必要的。而开发 ATD-X 的主要目的就是为了研究可以让战斗机全方位探测敌人的"智能皮肤"。

先进技术验证机就像美军的 F-22A 以及 F-35 一样，在机体前端的底部采用了倒 V 字形设计以及略向外侧倾斜的垂直尾翼，目的是为了减弱雷达的反射回波。此外，像在飞机发动机前方配置雷达波阻拦器以及可吸收雷达反射波的涂装等，即使是肉眼看不到的地方日本也在考虑赋予其隐身性。

先进技术验证机搭载的是日本制造的 XF5-1 发动机，XF5-1 发动机拥有推力矢量技术，配置有偏转板，让尾喷口得以自由调节发动机的排气方向，由此产生强大的机动性。

第二章 彻底改变！日本自卫队的新时代装备

2016年首飞。 来源：日本防卫省技术研究本部

为F-2的后续机种的开发提供了宝贵数据

先进技术验证机于2014年年末交付日本防卫省，再根据技术研究本部和航空自卫队安排，于2016年进行一系列的飞行试验。

在两年的试验中，除了先进技术验证机最初的目的——未来战斗机的技术性研究之外，日本防卫省技术研究本部还希望它能够在捕捉隐身战斗机的试验中大放异彩，这也是在开发能够捕捉具备高隐身性能目标的雷达过程中不可或缺的试验。

日本防卫省考虑于2030年也就是日本航空自卫队的现役战斗机F-2退役时开始制造新一代F-2战斗机的后继机种，因此也在推进有关未来战斗机的研究。

当然，除了F-2的后继机种，日本与其他国家共同研发新一代战斗机也是正在讨论的一个方案，不管怎样，在先进技术验证机的飞行试验中得到的数据都将发挥重要的作用。

先进技术验证机涂装以白色和红色为主。和P-1海上巡逻机的涂装相同，被称为"技术本色"。
来源：日本防卫省技术研究本部

DATA	基本数据
长　　度：	14.174米
宽　　度：	9.099米
高　　度：	4.51米
重　　量：	8000千克
最大速度：	不明
发 动 机：	2台XF5-1涡轮风扇发动机
乘　　员：	1人
武器装备：	无

日本自卫队战力大揭秘

整装待发的日本航空自卫队新一代战斗机
F-35A（"闪电Ⅱ"）战斗机

日本航空自卫队的新时代主力战斗机F-35A"闪电Ⅱ"。　　　　来源：洛克希德·马丁公司

九个国家参与研发生产

F-35"闪电Ⅱ"战斗机大大改变了一向重视速度与机动性能的战斗机设计理念，被称为"规则改变者"。

F-35的开发还要追溯到20多年前。1996年，美国政府整合了当时由空军、海军以及海军陆战队各自进行的下一代战斗机的研发计划，并要求各飞机制造商提交方案。美国政府在综合考量了各个方案后，选中了洛克希德·马丁（当时称洛克希德）公司的X-35与波音公司的X-32作为试验机型进入试制造阶段，最终X-35机型胜出并以代号F-35进行制式化地生产。

F-35的开发是以洛克希德·马丁公司为主，另有英国、意大利以及澳大利亚等8个国家提供资金或技术支持，零部件的开发则由各参加国的制造商完成。

在一架原型机之上开发出三种衍生机型

F-35被期待成为F-16战斗机、A-10攻击机、F/A-18A~D战斗轰炸机，AV-8B

第二章 彻底改变！日本自卫队的新时代装备

F-35 战斗机采用普惠公司研制的 F135 发动机。总推力高于相对小型的双发战斗机。
来源：洛克希德·马丁公司

弹的携带量也会略少一些。

在战斗中通过传感器和网络来获取优势

F-35 的最大速度为 1.7 马赫，相较于 F-15 与 F-2 来说较慢，机动性能也没有超过 F-15 与 F-2。

但是 F-35 具有的高隐身性能，装备了具有高侦测能力的 AN/APG-81 型机载雷达，还拥有利用计算机统一整理光学传感器捕捉到的信息进而向飞行员提供最有用信息的能力，以及通过数据连接与其他 F-35 战斗机共享被传感器捕捉到的情报这种网络战的能力，这些都是目前为止其他战斗机所不具有的，合理地利用这些"超能力"便可以取得空战中的优势。

"鹞Ⅱ"战斗轰炸机的后续机种。在研发阶段便大胆地同时进行了三种机型的开发，分别为使用常规跑道起飞装备空军的 F-35A，可以在航母上弹射起飞并着舰钩降落的 F-35C 以及用于在两栖登陆舰上实现短距离滑跑起飞与垂直降落的 F-35B。

F-35A 和 F-35B 的机体尺寸几乎一样，F-35C 由于采用了更大的飞机主翼以及为了承受甲板起降所带来的冲击力而强化了的机体构造，所以要比 F-35A 和 F-35B 尺寸更大一些，也更重一些。F-35B 由于收纳了用于垂直降落的强力风扇，所以和 F-35A 相比要更重一些，导弹和航空炸

DATA 基本数据

长　　度：	15.7 米
宽　　度：	10.67 米
高　　度：	4.6 米
重　　量：	31800 千克
最大速度：	1.6 马赫
发 动 机：	1 台 F119-PW-100 发动机
乘　　员：	1 人
武器装备：	GAU-22 25 毫米口径加特林式机炮 1 门 AIM-120 空空导弹 AIM-9X 空空导弹 联合制导攻击武器、GBU-39 小直径炸弹

菱形翼具有优秀隐身性。　　　　　　　　　　　　　来源：洛克希德·马丁公司

F-35 战斗机进行 GBU-31 炸弹投射试验。
来源：洛克希德·马丁公司

由于加入了这些新性能，F-35 的开发相较于最初的计划有延期，但是以美国为首，包括日本、韩国、以色列等参与开发的国家预计将总共引进超过 2000 架 F-35 战斗机。

日本航空自卫队将会引入 42 架 F-35

作为 F-4EJ 改的后继机型，日本航空自卫队将引进 42 架 F-35A 战斗机。日本自卫队的 F-15J 没有进行现代化改造，而 F-35A 被认为也是 F-15J 的优秀后继机型，在未来或将引入超过 100 架。

第二章 彻底改变！日本自卫队的新时代装备

F-35 战斗机驾驶舱采用向前开启的一体式铰链舱盖。传动装置的小型化可以降低机体重量。
来源：美国空军

日本自卫队于 2012 年首次订购的 4 架 F-35A 战斗机于 2017 年年末完成交付，2019 年在青森县的三泽基地成立第一支飞行编队。

与此同时，日本自卫队将会解散现在的 RF-4E/EJ 侦察飞行编队并用 F-35 飞行编队替换。F-35A 不仅仅能取得高画质的地面广域图像，还具备数码变焦功能。因此，F-35A 不仅可以获得敌方目标的详细图像信息，还拥有通过数据链系统发送图像的能力，它既可以作为战斗机，也可以作为战术侦察机来使用。

F-35A 的第一次夜间试飞，飞行员对驾驶舱进行了内部灯光相关试验。
来源：洛克希德·马丁公司

日本海上自卫队最先进的巡逻机
P-1 巡逻机

要代替 P-3 巡逻机成为海上巡逻机主力的 P-1 巡逻机。　　　　　来源：日本海上自卫队

世界范围内首次采用光传操纵系统

P-1 巡逻机是作为 P-3C 巡逻机的后继机型开发的,属于双发喷气式巡逻机。

P-1 巡逻机于 2002 年开始研发,2007 年 9 月 28 日首飞。

之后,日本防卫省又通过 2008 年交付的两架 P-1 飞行试验机进行了飞行试验,最终于 2013 年 3 月向外界公布已完成研发的 P-1 巡逻机,量产的两架巡逻机已交付厚木海军航空基地使用。在 2014 年之前,已有 13 架 P-1 巡逻机服役。

2013 年 12 月,日本防卫省在新发表的《中期防务力量发展计划》中,表示将计划采购 23 架 P-1 巡逻机,并预计未来会采购 70 架左右的 P-1 巡逻机。

P-1 巡逻机最大的特点是,在世界范围内首次实际采用了光传操纵系统(FBL)。与主流的电传飞行控制系统(FBW)利用电线传导信号相比,FBL 用光纤电缆代替了电线来传导信号。与传统的电线相比,光纤电缆受电磁波影响较小,而且用电量也较少。由于 P-1 巡逻机搭载了大量的电子设备和搜索装置,

第二章 彻底改变！日本自卫队的新时代装备

小型但强有力的 IHI 公司的 F7-10 发动机。　　　　　　来源：Gala8357

FBL 可以说是非常适合 P-1 巡逻机的一种飞行控制系统了。

具有巡逻机中最佳的飞行性能

考虑到低空飞行时的机动性，P-1 巡逻机的主翼采用了约 170 平方米的大型机翼。虽然说大型机翼并不利于高速飞行，但是 P-1 巡逻机风阻较小的机身形状和机翼形状足以弥补这一缺陷。

P-1 巡逻机搭载了 4 台 IHI 公司研发的日本生产的 F7-IHI-10 高涵道比涡轮风扇发动机（推力为 60 千牛）。也正是因为拥有体型小推力足的 F7-10 发动机与适合高速飞行的机体设计，P-1 巡逻机的巡航速度可以达到每小时 833 千米，实用升限达到了 13520 米。

这不仅仅是高于 P-3C（巡航速度每小时 610 千米，实用升限 8600 米），甚

首架试飞机在进行导弹投掷试验。
来源：日本防卫省技术研究本部

DATA 基本数据

长　　度：	38 米
宽　　度：	35.4 米
高　　度：	12.1 米
重　　量：	79700 千克
最大速度：	833 千米每小时
发 动 机：	4 台 F7-IHI-10（60kN）发动机
乘　　员：	13 人
武器装备：	鱼雷 反潜炸弹 AGM-65 导弹

至与美国海军装备的新型巡逻机 P-8A（巡航速度每小时 815 千米，实用升限 12500 米）相比较也略占上风，按飞行性能来说的话，P-1 巡逻机可以说是世界上最高级别的巡逻机了。

搭载日本生产的电子装备

搜索雷达采用了由日本防卫省技术研究本部同东芝共同开发的 HPS-106 主动相控阵雷达。

HPS-106 主动相控阵雷达，与搭载在 F-2 和 F-35 等飞机上的雷达具有相同的原理，除了位于 P-1 巡逻机机头前端圆顶部负责前方监控的天线外，在前起落架舱门两侧等处也搭载有监控侧方的

P-1 巡逻机考虑到机动性，采用 170 平方米大型翼。
来源：海上自卫队

天线。另外，P-1 巡逻机还装备有三菱电机开发的 HYQ-102 磁异探测器，以及 HAQ-2 光学接收装置。

大幅增强的反潜探测能力

负责接收声呐浮标信号等的音响处

P-1 巡逻机的首架试飞机和第二架试飞机。　　　　　　　　来源：日本防卫省技术研究本部

第二章　彻底改变！日本自卫队的新时代装备

P-1 巡逻机第二架试飞机在防御导弹来袭试验中发射诱饵弹。　　　来源：日本防卫省技术研究本部

理系统是日本生产的 HQA-7 音响处理装置，战术决策系统也同样是采用了日本生产的 HYQ-3 系统。

HQA-7 和 HYQ-3 使得 P-1 巡逻机针对潜艇推进装置发出的窄频带信号的分析能力有了大幅的提升。这样一来，P-1 巡逻机也具备了发现之前不易被侦测到的鱼雷发射管开闭的声音以及潜艇操舵音的探知能力等 P-3C 反潜机音响处理系统所不具备的能力。

当然，P-1 巡逻机对目标的自动探测、跟踪能力也在提高，对浅海域的探测能力也在大幅度强化。武装方面，除了之前 P-3C 使用的制导鱼雷和反潜炸弹、ASM-1C 空舰导弹以及 AGM-84 "鱼叉"反舰导弹之外，可能也会装备针对不明

船只以及登陆艇的 AGM-65 "小牛"空地导弹。制导鱼雷和反潜炸弹都容纳在 P-1 巡逻机机腹的一个内置式弹舱里，各种型号的导弹则悬挂在两边的主翼下方。

AMG-65 "小牛"空地导弹。可以摧毁小型快艇和登陆艇。

29

尚未完工的日本航空自卫队新型运输机
XC-2 运输机

XC-2 运输机采用了超临界后掠机翼,最大巡航速度可以达到每小时 890 千米。　　来源:Legacy_dsss

与 C-1 运输机相比在速度和续航能力上有优势

XC-2 运输机是作为日本航空自卫队现役运输机 C-1 的后继机型开发的战术运输机。

日本自卫队开始研制现役运输机 C-1 的后继机型 C-X 是在 2000 年年末决定的,并于 2001 年 11 月敲定由川崎重工主导研发。

2006 年 3 月,飞行试验 1 号机在静强度试验中出现故障,并且出现了铆钉强度不足的情况,因此首飞直到 2010 年 1 月才进行。

XC-2 运输机采取了 C-1 运输机的悬臂式上单翼设计,同时搭配了 T 字形的水平尾翼结构。一般来说,上单翼飞机由于主翼通常安装在机体中间位置而与下单翼机型相比较而言会遭受更大的空气阻力,在飞行性能方面有不利因素。但是 XC-2 运输机的机体形状采用了低阻力设计,再加上机体采用了会降低冲击波影响的超临界后掠机翼,使得 XC-2 运

第二章 彻底改变！日本自卫队的新时代装备

XC-2 运输机在进行空中投放试验。　　　　　　　来源：日本防卫省技术研究本部

输机的最大速度达到了每小时 890 千米，相较于 C-1 运输机的每小时 650 千米有大幅的提升。

此外，C-1 运输机在搭载 2.6 吨货物时的续航距离是 1700 千米，而 XC-2 运输机在搭载 18 吨货物的状态下可以续航 8100 千米，足以执行海外运输任务。再者，XC-2 运输机还设有可与 KC-767 空中加油机对接的输油口。XC-2 运输机与 C-1 运输机一样，拥有强大的短距起降能力，在跑道较短的特殊机场也可实现起降。

现役的 C-1 运输机，可以实现短跑道和起伏路段的起降。　　来源：Toru Watanabe

DATA	基本数据
长　　　　度：	43.9 米
宽　　　　度：	44.4 米
高　　　　度：	14.2 米
重　　　　量：（最大起飞重量）	141000 千克
巡　航　速　度：	890 千米每小时
发　动　机：	2 台 CF6-80C2K1F 发动机
乘　　　　员：	3 人

和 P-1 巡逻机同时期研发，降低了研发费用

XC-2 运输机使用的是美国通用电气的 CF6-80C2 涡轮风扇发动机。这种发动机同时也在日本航空自卫队 E-767 空中预警机和 KC-767 空中加油机上配备，预计会提高配件采购和维护的效率。

XC-2 运输机的驾驶舱内设置有平视显示系统，搭配新开发的战术运输管理系统，平视显示系统将会显示低空飞行时的最佳路线和威胁，并显示规避威胁的路径。

此外，由于日本航空自卫队当初将 XC-2 运输机定义为可执行海外任务的运输机，所以也配备了导弹预警系统、雷达预警接收器以及红外诱饵投放器等自我防御装置，生存能力极强。

XC-2 运输机的最大载货量也由 C-1 运输机的 8 吨大幅增长到了近 30 吨。货舱空间很大，可以运输如 UH-60J "黑鹰" 直升机、96 式装甲车和机动战车等大型货物，这是 C-130H 运输机不具备的能力。同时，XC-2 运输机采用了新开发的货物管理装卸系统，集成货物的管理和操作设备，使得机组人员由 C-1 运输机的 5 人减少到 3 人。

XC-2 运输机是和日本海上自卫队的 P-1 巡逻机同时研发的，所以主翼、外翼与水平尾翼，以及集成显示装置与辅助动力装置等都与 P-1 通用。共通的部件达到了飞机总重的15%，而在装载系统中更是有75%的部件是共用的，川崎

XC-2 运输机在防御试验中发射诱饵弹。

来源：日本防卫省技术研究本部

第二章 彻底改变！日本自卫队的新时代装备

XC-2 运输机装载一架 UH-1 直升机时的机舱内部图。　　来源：日本防卫省技术研究本部

重工通过与 P-1 巡逻机的同步研发，降低了约 250 亿日元（1 日元≈0.065 元人民币）的研发费用。但 XC-2 运输机的飞行控制系统并没有采用 P-1 那样的光传操纵系统，依旧采用了传统的电传飞行控制系统。

由于连续出现故障而推迟交付部队

与 P-1 巡逻机顺利的研发相对，XC-2 运输机的研发问题频出。

XC-2 运输机的开发原定于 2012 年 3 月完成，但实验人员根据从试验机收集的数据进行强度计算，结果表明该飞机在构造上需要加强的部分有很多，于是决定延长开发时间。

然而，在 2014 年 1 月举行的飞机强度地面试验中更是发生了货舱门脱落的事故。试验人员最后判断出是由于试验机后部的机体框架强度不足导致的事故，于是决定推迟 2 年于 2016 年交付实战部队。

研发虽然举步维艰，但是 XC-2 运输机却是被寄予厚望的。除了负责日本航空自卫队海外任务这样的"本职工作"之外，XC-2 运输机也被期待成为日本陆上自卫队的新编队——快速反应部队的战力投送手段。另一方面，日益老化的 YS-11EB 电子侦察机以及 EC-1 电子战训练机的后继机型的开发或许也会以 XC-2 运输机为基础。

目前，XC-2 运输机已有了 8 架的订单，预计会有 20~40 架服役。

日本陆上自卫队提高机动力的王牌
V-22 "鱼鹰"倾转旋翼机

"鱼鹰"与普通直升机相比,在速度和续航能力上都略胜一筹。　　　　　　来源:柿谷哲也

兼具直升机和固定翼飞机优点的飞机

V-22 "鱼鹰"倾转旋翼机可以像直升机那样无须跑道起降以及空中悬停,也可以像固定翼飞机那样高速飞行,可谓是梦幻飞机。

V-22在主翼的两端各配备有一台装有大型旋翼的涡轴发动机,在垂直起降时,发动机与地面呈90度,可以像直升机一样上升与下降,飞行时发动机旋转回水平方向,即可实现固定翼飞机那样的高速飞行。

V-22的时速可以达到565千米,超过一架相同尺寸的CH-46直升机的最大速度的两倍。

德国自第二次世界大战起就开始研究像V-22这样的倾转旋翼机,设计人员也确实做出了几架试验机,但是由于技术问题堆积成山,最终都没有能够批量生产。

V-22的研发在当时面临着很多技术问题,也曾因为研发费过高数次面临研发中止的危险,但是V-22的研发团队越过了一个又一个障碍,终于在2005年实现量产。

第二章　彻底改变！日本自卫队的新时代装备

旋转翼和发动机一起安装在固定翼的两端。　　　　　来源：美国海军陆战队

日本陆上自卫队引入 17 架 V-22

V-22 有作为运输机被美国海军运用的 MV-22 和被美国空军用于特殊作战的 CV-22 这两个种类，日本陆上自卫队引入了 17 架 MV-22。MV-22 在日向级驱逐舰上进行过测试，可配合日向级驱逐舰和出云级驱逐舰执行任务。

日本陆上自卫队的 MV-22 如何运用尚未明确，但从佐贺机场的配备来看，支援新编成的负责岛屿防卫作战的两栖作战部队和水陆机动团应该是其主要任务。另外，由于与现有的直升机以及 US-2 水上飞机相比，MV-22 速度更快，因此也能在离岛的急诊运输和灾害救援等方面有所表现。

通过主翼的旋转和折叠，"鱼鹰"倾转旋翼机可以停入日向级驱逐舰的机库。
来源：美国海军陆战队

DATA 基本数据

长　　度：	17.47 米
宽　　度：	25.54 米
高　　度：	6.63 米
重　　量：	23981 千克（垂直起飞时）
最大速度：	565 千米每小时
发 动 机：	2 台 AE1107C 涡轴发动机
乘　　员：	2 人
武　　装：	无

日本自卫队战力大揭秘

无人侦察机
RQ-4"全球鹰"无人机

诺斯罗普·格鲁曼公司研发的无人侦察机。　　　　　　来源：Keisuke Kariya

能够长时间飞行
从而获得更多情报

　　RQ-4"全球鹰"无人机是日本在新《中期防务力量发展计划》中提出引入的。"全球鹰"无人侦察机由诺斯罗普·格鲁曼公司研制，目前除了美国购买外，日本自卫队和北大西洋公约组织也计划引入。飞机单体价格约为25亿日元，但是附带需要搭建的地面设施以及机载传感器套餐价格预计要超过200亿日元。

　　制造商给出的续航时间为36小时，经美国空军测试，"全球鹰"可以不着陆连续飞行超过34小时。但是为了长时间续航，巡航速度需要保持在575千米每小时，这相对喷气式飞机来说速度着实有点低。"全球鹰"在离地18000米的高空飞行，不易受地空导弹和战斗机的影响。

　　"全球鹰"除了有收集雷达和图像信息的光学和红外线传感器以外，还配备有用于收集电子信息和通信信息的电波监听装置，一次飞行可以收集除图像信息以外的多种信息。

期待在救灾工作中大展身手

　　日本自卫队引入的是目前在美国空

第二章 彻底改变！日本自卫队的新时代装备

由于可以在高空长时间飞行，"全球鹰"拥有超长机翼。　　　　　　来源：Keisuke Kariya

军服役的最新型"全球鹰"Block-40型。

日本引入的"全球鹰"无人侦察机应该是属于海、陆、空自卫队共同使用，但是由于是固定翼飞机，所以飞行任务应该是由日本航空自卫队负责。此外，日本自卫队引入的"全球鹰"也有可能像诺斯罗普·格鲁曼公司为美国海军研制的MQ-4C无人侦察机一样，拥有和日本海上自卫队协同作战的能力。

日本自卫队引入的"全球鹰"将主要负责针对日本全境以及别国弹道导弹发射基地和核试验设施的侦察。在2010年发生的海地地震和2011年发生的福岛核泄漏事故当中，"全球鹰"也在灾难现场上空进行了侦察飞行，并为救援活动和事故处理工作提供了有用的图像信息，有了这些配合抢险救灾的经验，它也有望在今后的救灾活动中提供帮助。

"全球鹰"在机身头部的凸起部分里容纳有卫星通信天线。　　来源：Keisuke Kariya

DATA 基本数据

长　度：	14.5 米
宽　度：	39.9 米
高　度：	4.7 米
重　量：	14628 千克
巡航速度：	575 千米每小时
发动机：	1 台 F137-RR-100 涡扇发动机
乘　员：	0 人
武　装：	无

日本自卫队战力大揭秘

日本海上自卫队最大的驱逐舰
出云级直升机驱逐舰

"出云号"2014年9月22日开始公开测试,2015年3月开始服役。　　来源:EF651123

可以和第二次世界大战中的正规航母相匹敌

出云级驱逐舰是日本最先进的直升机驱逐舰,是日本海上自卫队的现役舰艇。

首艘出云级驱逐舰"出云号"于2013年8月下水,2015年3月交付。第二艘出云级驱逐舰"加贺号"于2013年10月开始建造,于2015年8月下水。

出云级驱逐舰和日向级驱逐舰一样,实际上是一艘直升机航空母舰,配置了全通甲板,但是出云级的尺寸要比日向级大一圈,可与第二次世界大战期间美国海军的约克城级航母相匹敌。

相比装备了ESSM"海麻雀"防空导弹、"阿斯洛克"反潜火箭、舰载鱼雷发射器、FCS-3有源相控阵雷达以及声呐系统的日向级驱逐舰,出云级驱逐舰的武器装备只有自卫用的两座"海拉姆"短程防空导弹系统以及近程防御武器系统,雷达和声呐也做了简化处理,与日向级驱逐舰相比,出云级驱逐舰更像是一艘真正的直升机航空母舰。

最大可以搭载14架舰载直升机

简化了武器装备和传感器类设施的出云级驱逐舰大幅提升了运用舰载直升机的能力。

第二章　彻底改变！日本自卫队的新时代装备

出云级驱逐舰是日本海上自卫队最大的驱逐舰。

来源：Jeff Head

出云级驱逐舰的标准配置是 7 架 SH-60K "海鹰" 反潜直升机和 2 架运输救援直升机，最多可搭载 14 架直升机。

虽然与它庞大的身躯相比，我们可能会觉得它的直升机搭载量比较少，但是这个搭载量是日本海上自卫队以将全部直升机都容纳在机库里这个前提计算的，如果将直升机放在露天甲板上的话搭载量会更多。

在出云级驱逐舰的飞行甲板上设置有 5 个直升机起降点，舰艉右舷也设置了一个停机点。机库尺寸为长 125 米，宽 21 米，高 7 米，相较于日向级来说大了一些，可以搭载更大型的飞机。

DATA 基本数据

长　度	248 米
宽　度	38 米
满载排水量	27000 吨
最大速度	30 节
乘　员	470 人
武　装	"海拉姆"对空导弹发射器 2 座 20 毫米密集阵近程防御武器系统 2 套
发动机	4 台通用电气 LM-2500 燃气轮机
功　率	112000 马力 （1 马力 =735.499 瓦）

可能会搭载 F-35B 吗

出云级驱逐舰搭载的 SH-60K "海鹰"反潜直升机不仅可以进行反潜作战,亦可搭载"地狱火Ⅱ"导弹和 7.62 毫米口径机枪来应对威胁。日本自卫队目前还没有决定具体搭载哪种型号的运输救援直升机,但对于长期任务的考虑,搭载的运输救援直升机必须能完整运送 SH-60K "海鹰"反潜直升机的发动机。这样一来,可用于候选的直升机就剩下日本海上自卫队引进的用于执行运输和扫雷任务的 MCH-101 直升机(原型机为 AW-101 "灰背隼"直升机)以及与欧洲飞机制造商共同研发的 NH-90 直升机。

位于出云级驱逐舰右舷后方的电梯可以搭载大型飞机,不仅可以支持日本海上自卫队现役的大型飞机,也可以支持诸如日本陆上自卫队的 MV-22 "鱼鹰"倾转旋翼机和 AH-60 "阿帕奇"武装直升机上舰的作战行动。因此,它还可以作为岛屿防御战的近海空军基地。

有报道称第二艘出云级驱逐舰将会进行美军 F-35B 战斗机的起降试验,2018 年 12 月日本确定强化该舰甲板耐热性,以用于搭载 F-35B 战斗机。

出云级搭载 OPS-50 有源相控阵雷达(对空)、OPS-28 对海搜索雷达。　　　　　来源:Jeff Head

第二章 彻底改变！日本自卫队的新时代装备

日本海事联合公司横滨矶子工厂负责建造出云级驱逐舰。　　　　　　　　　来源：Jeff Head

可以执行各种各样的任务

出云级驱逐舰除了执行反潜任务之外，还可以执行其他任务。

为了应对岛屿防卫作战和抢险救灾，出云级驱逐舰可以成为日本自卫队联合部队的海上基地，舰上设置有可容纳 100 人的多功能室，可作为联合部队的司令部。

该型驱逐舰在右舷的中间部分设有能承受 30 吨以上大型卡车的盘道，可以搭载 50 辆日本陆上自卫队的 73 式大型卡车。还设置了 35 个床位和配套医疗设备，也可以作为运输船和医院船使用。

同时，因为燃料和淡水的装载量很大，该型舰根据状况也可担任补给舰的角色。

出云级驱逐舰可以搭载 7 架 SH-60K 反潜直升机、2 架运输救援直升机。
来源：Jeff Head

41

日本海上自卫队最初的全通甲板驱逐舰
日向级直升机驱逐舰

日本海上自卫队最初的全通甲板驱逐舰——日向级直升机驱逐舰。　　　　　　　　　　来源：日本海上自卫队

最多搭载 11 架直升机

日向级直升机驱逐舰是日本海上自卫队最先装备的拥有全通甲板的直升机驱逐舰。第一艘舰"日向号"于 2009 年服役，第二艘舰"伊势号"于 2011 年投入使用。

该型舰通常会搭载 3 架 SH-60J/K "海鹰"反潜直升机和 1 架 MCH-101 扫雷（运输）直升机。该型舰直升机最大搭载量为 11 架，也可在舰艇内部进行飞机的维修工作。该型舰飞行甲板上设置有 4 处直升机起降点，可同时供 3 架直升机起降。

该型舰在训练时不光有日本海上自卫队的直升机起降，也进行了日本陆上自卫队的 AH-64D 直升机和美国海军陆战队的 MV-22 倾转旋翼机的起降和入库训练，飞行甲板和舰内机库之间有两部电梯，最大可承受 30 吨重的飞机使用。

但是该型舰刚服役时甲板上并没有配备舰载机起飞用弹射器并且甲板也没有进行耐热强化处理，当时还没有起降

F-35B 或者"鹞"式战斗机的能力，而且日本海上自卫队当时也没有引入 F-35B 和"鹞"式战斗机的打算。

也可以成为岛屿争夺战的海上基地

日向级直升机驱逐舰的武器装备包括"海麻雀"防空导弹、"阿斯洛克"反潜火箭、20 毫米近程防御武器系统、12.7 毫米口径机枪以及三联装鱼雷发射器。此外，还配备有 FCS-3 有源相控阵雷达以及 QQQ-21 大型反潜低频声呐，拥有独自对空和反潜作战能力。

日向级驱逐舰作为岛屿防御战和救灾抢险时的海上基地，设置有完备的指挥系统，除此之外，还建有可作为作战司令部或者救灾抢险总部的多功能室。实际上，在 2011 年"3·11"日本地震的时候日本自卫队就曾派出"日向号"驱逐舰执行抢险救灾任务，在 2013 年也曾向遭受台风袭击的菲律宾派出了

日向级 2 号舰"伊势号"参加了环太平洋联合演习。
来源：日本海上自卫队

"伊势号"驱逐舰，并且在"伊势号"驱逐舰上建立了日本自卫队的联合作战司令部。

甲板上共设有 4 处直升机起降点。
来源：日本海上自卫队

DATA 基本数据

长　　度：	197 米
宽　　度：	33 米
最大速度：	30 节
发 动 机：	4 台 LM-2500 IEC 燃气涡轮发动机
功　　率：	100000 马力
武　　装：	"海麻雀"防空导弹（16 枚）"阿斯洛克"反潜火箭装填在 2 套 8 单元垂直发射装置中 近程防御武器系统 2 套 12.7 毫米口径机枪 7 挺 三联装鱼雷发射器 干扰弹发射系统
满载排水量：	19000 吨

日本自卫队战力大揭秘

舰队的防空枢纽
秋月级导弹驱逐舰

秋月级驱逐舰拥有高性能对空雷达。

来源：日本海上自卫队

继承了初代防空驱逐舰的名字

首艘秋月级导弹驱逐舰——"秋月号"于2012年交付日本自卫队，是日本自卫队目前比较先进的通用型驱逐舰。

虽然是第二艘被海上自卫队给予"秋月"这个名字的驱逐舰，但是它的名字是源自于二战时期日本海军的秋月级驱逐舰。初代秋月级驱逐舰为防空驱逐舰，当代秋月级驱逐舰却拥有反潜、反舰、对空的作战能力，其中最突出的是对空作战能力。

日本自卫队共建造了4艘秋月级驱逐舰，首艘"秋月号"服役于日本海上自卫队第一护卫队群的第五护卫分队，第二艘"照月号"服役于第二护卫队群的第五护卫分队，第三艘"凉月号"服役于第四护卫队群的第八护卫分队，第四艘"冬月号"服役于第三护卫队群的第七护卫分队。

代替宙斯盾舰担当起舰队的防空

秋月级驱逐舰所配备的FCS-3A有源相控阵雷达是基于日向级驱逐舰的FCS-3有源相控阵雷达衍生出来的。通过使用含有氮化镓的材料，使秋月级驱逐舰雷达的输出功率达到日向级驱逐舰的三倍以上。此外，该型舰火控指挥系统可以同时追踪多个目标，也可针对攻击本方舰艇的数个目标进行拦截。

秋月级驱逐舰搭载的改进型"海麻雀"防空导弹，相较于目前通用型驱逐

第二章 彻底改变！日本自卫队的新时代装备

秋月级驱逐舰舰体后部为直升机甲板，还设计有可容纳2架直升机的机库。

来源：日本海上自卫队

舰所采用的"海麻雀"防空导弹更加强劲，秋月级驱逐舰已经具备了先进的对空作战能力。

之前担任舰队防空任务的是搭载宙斯盾系统的金刚级驱逐舰和爱宕级驱逐舰，由于宙斯盾舰还肩负着应对弹道导弹的任务，存在离开舰队单独执行任务的情况。宙斯盾舰的离开会让舰队的防空能力急剧下降，这时既可以自保还可以兼顾僚舰防空任务的秋月级驱逐舰就要担负起整个舰队的防空任务了。

此外，和爱宕级驱逐舰一样，秋月级驱逐舰主炮采用了长炮身的Mk.45Mod5型5英寸（1英寸=0.0254米）口径舰炮，在岛屿争夺战中可以提供火力支援。

有多功能雷达和火控系统构成的FCS-3有源相控阵雷达系统。
来源：日本海上自卫队

DATA 基本数据

长　　度：	150.5 米
宽　　度：	18.3 米
满载排水量：	6800 吨
最大速度：	30 节
乘　　员：	340-360 人
武　　装：	海麻雀对空导弹 "阿斯洛克"反潜火箭 07式垂直发射火箭助推鱼雷 90式反舰导弹 Mk.45 Mod5型舰炮 1门 近程防卫武器系统 2套 三联装鱼雷发射管 2具
发 动 机：	4台燃气轮机
功　　率：	64000 马力

日本自卫队战力大揭秘

日本海上自卫队的主力潜艇
苍龙级潜艇

苍龙级潜艇通过斯特林闭循环推进系统可以长时间进行潜航。　　　　　来源：Me262A1

可长时间潜航并拥有强大的武装

日本海上自卫队从创立初期就把应对苏联的潜艇作为最大的课题之一，致力于提升攻击型潜艇的作战能力。苏联解体后，日本海上自卫队依旧为了保护海洋航行自由而大力发展攻击型潜艇，目前服役的主力潜艇就是苍龙级潜艇。

苍龙级潜艇用X形尾舵代替了之前自卫队潜艇所采用的十字舵。X形尾舵不仅可以提高潜艇的机动性能，还能使潜艇在海底设伏时更不容易碰触到海底岩石这些障碍，使得潜艇战术的可选择性大大增加。

该型潜艇动力系统除了常规的柴油机和蓄电池之外，还搭载了斯特林闭循

苍龙级潜艇在舰体前部设计有鱼雷预警装置，形状像鱼鳍。　　　　　来源：Me262A1

第二章 彻底改变！日本自卫队的新时代装备

苍龙级的特征——X形尾舵。
来源：Me262A1

环推进系统（AIP系统中的一种）以及相关附属轮机设施。斯特林闭循环推进系统是一种由外部热源加热气缸内的气体，并将热能转换为机械能的热机，其循环是一种闭式、采用定容下回热的气体循环，使潜艇在不吸入外部气体的情况下依旧可以实现长时间潜航。与传统柴油机相比，采用斯特林闭循环推进系统的潜艇噪声会小很多。

澳大利亚也曾考虑引入

苍龙级潜艇的艇体和帆罩外侧覆盖有水下消音瓦，隐身性能极佳。此外，艇上还装有拥有红外线夜视功能的非贯穿式光电潜望镜以及新型的 ZQQ-7 声呐（第二艘苍龙级潜艇"云龙号"采用了 ZQQ-7B 型声呐），大幅提高了潜艇的探测能力。

澳大利亚高度评价了苍龙级潜艇的能力，曾研讨将澳大利亚现役的柯林斯级潜艇的后继型号打造成与苍龙级类似的类型，后来由于其他原因作罢。

DATA 基本数据

乘　员	65 人
长　度	84 米
宽　度	9.1 米
型　深	8.5 米
标准排水量	2900 吨
速　度	水上 13 节、水下 20 节
武　装	533 毫米口径鱼雷发射管 6 具（可发射 89 式鱼雷或者鱼叉反舰导弹）
发 动 机	柴油机 2 台 斯特林闭循环推进系统发动机 4 台 电动机 1 台 蓄电池 480 个
功　率	水上 3900 马力（柴油机） 水中 8000 马力（电动机）

配有新技术的先进坦克
10式坦克

由车长、炮手、驾驶员3人操作的10式坦克。　　　　　　　　来源：hideki oba

着重轻量化的设计

在各发达国家服役的坦克，如美国陆军装备的M1A2主战坦克，德国陆军装备的豹2A6主战坦克等，在二战后被归类为第3~3.5代。

由于坦克上搭载的电子设备和强化装甲，这些坦克的总重量会达到60吨以上，而比它们重量轻接近15吨且具有同等机动力、攻击力以及防御力的坦克就是日本陆上自卫队的10式坦克了。

10式坦克上一代的90式坦克总重量超过50吨，在日本本土的通过性不好。因此，10式坦克在设计时着重强调了轻量化，最终将重量控制在了44吨。

为了防止轻量化导致的防御力缺失，10式主战坦克采用模块化装甲，可根据需要加装更加强大的装甲。

性能全方位超越90式主战坦克

10式坦克主炮采用和90式坦克相同的44倍径120毫米口径滑膛炮，但是90式坦克装备的是德国莱茵金属公司生产的L44火炮，而10式则装备了日本制铁公司研发的坦克炮。该炮专门为能使

第二章 彻底改变！日本自卫队的新时代装备

炮塔上装备 M2 12.7 毫米口径重机枪，可以进行对空射击。　　　　　来源：星空风景

用与 10 式坦克同时研发的新型穿甲弹而做了优化，这也是为何 10 式在攻击火力上也要强于 90 式坦克的原因。

动力方面，10 式坦克采用了可输出 1200 马力的发动机，在输出功率上并不突出，但是由于采用了无极自动变速箱的缘故，在机动性上也要优于 90 式坦克。此外，装有新型主动式液压悬架系统的 10 式坦克能够通过调整履带使车体倾斜进行射击。

10 式坦克还配备了与 M1A2 主战坦克相同的战场信息共享系统，将来也可与司令部、侦察直升机共享信息。

10 式坦克于 2010 年开始交付日本自卫队，目前服役于第一、第二师团以及西部方面队。

炮塔采用可拆卸的模块装甲，后方有货物的装载架。　　来源：2gatep

DATA 基本数据

长　　度	9.42 米
宽　　度	3.24 米
高　　度	2.30 米
最大速度	70 千米每小时
发动机	1 台水冷四行程柴油 V8 发动机
乘　　员	3 人
武　　装	44 倍径 120 毫米口径滑膛炮 M2 12.7 毫米口径机枪 74 式 7.62 毫米口径机枪

日本自卫队战力大揭秘

21世纪日本陆上自卫队的主力战车
MCV 轮式机动战车

搭载大口径主炮的轮式机动战车。　　　　　　　　　　　　　　　来源：柿谷哲也

拥有坦克攻击力的轮式机动战车

MCV 轮式机动战车是日本自卫队为应对岛屿防御作战和突发性的游击作战而开发的一种装甲车。

该战车于 2008 年开始研发，第一台试验车在 2013 年向外界公布。

10 式坦克通常来说并不善于长距离奔袭，需要依靠铁路或者拖车进行长距离的转移，而轮式机动战车可以在高速公路或者一般道路上行驶，最高速度可达 100 千米每小时。而且，轮式机动战车也比坦克那些履带式战车体型要小，方便在城区街道上作战。

该战车主炮采用了目前装备日本陆上自卫队数量最多的 74 式坦克的同款 105 毫米口径线膛炮，可以发射装备于 74 式坦克的各式炮弹。因为该战车射击控制系统是基于 10 式坦克所研发的，所以在攻击力上也要强于 74 式坦克。

或将替代坦克部署在本州岛全境

轮式机动战车的装甲可以承受机炮的直接攻击，由于采用了和 10 式主战坦克类似的炮塔设计，前部楔形装甲部分可起到削弱敌军炮弹威力的作用，而且像10式坦克一样，该战车可以选择加装防御力更强的装甲。

该战车总重26吨相较于74式坦克轻了10吨以上，日本航空自卫队每架新型运输机XC-2可以搭载一辆轮式机动战车，大幅提高了机动作战能力。

日本陆上自卫队希望这款轮式机动战车可以成为未来的主力战车，日本在2013年公布的《中期防务力量发展计划》中表示，预计将部署99辆轮式机动战车。

日本在新《防卫计划大纲》和新《中期防务力量发展计划》中决定，轮式机动战车将首先交付快速反应连队。除此之外，目前日本自卫队部署在本州岛的坦克将全部转移到北海道和九州，所留下的空白位置将由轮式机动战车补充，据报道，日本自卫队或将部署300辆左右的轮式机动战车。

另外，轮式机动战车的生产商三菱重工也表示将会在轮式机动战车的平台上研发新型的装甲运兵车。

轮式机动战车105毫米口径火炮，可以发射74式坦克的所有炮弹。
来源：日本陆上自卫队

轮式机动战车可以通过新型运输机XC-2进行运输。
来源：日本陆上自卫队

DATA 基本数据

长　　度：	8.45米
宽　　度：	2.98米
高　　度：	2.87米
最大速度：	100千米每小时
发动机：	水冷4缸柴油机
乘　　员：	4人
武　　装：	52倍径105毫米口径火炮 12.7毫米口径机枪 7.62毫米口径机枪

日本自卫队战力大揭秘

岛屿登陆的利器
AAV-7 两栖突击车

AAV-7 两栖突击车。　　　　　　　　　　　　　　来源：柿谷哲也

服役于多支海军陆战队的两栖突击车

AAV-7 两栖突击车是一种履带式装甲车，由美国的 FMC 公司（现在已被 BAE 系统公司收购）研发，目前在韩国、美国等多国的海军陆战队中服役。设计人员考虑到水上的浮渡能力而将车体的形状设计为船形，同时，车体为了减轻重量而采用了铝合金。该车本身装甲可以抵挡 7.62 毫米子弹的直接攻击，但是加装上附加装甲后可以抵挡 14.5 毫米子弹的直接攻击。

该车浮渡速度只有 13 千米每小时，但是相对而言，由于车体总重量很轻，在陆地上的速度最大可以达到 72 千米每小时。

武器方面，该车装备了一挺 M2 12.7 毫米口径机枪和一个 Mk19 40 毫米口径榴弹发射器。Mk19 的炮弹不仅可以穿透 5 厘米厚的钢板，还可以消灭在爆炸范

第二章 彻底改变！日本自卫队的新时代装备

日本陆上自卫队的西部方面部队普通科连队队员在向美军学习 AAV7 两栖突击车的操作方法。

来源：美国军事频道（youtube）

AAV7 活跃在海外救灾一线。

来源：美国军事频道（youtube）

围 5 米之内的敌军，威力巨大。

该车操作人员有 3 名，分别是兼任炮手的车长、驾驶员和辅佐车长的乘员，载员舱可搭乘 21 名全副武装的士兵或 3.6 吨的货物。

已确认将被引入水陆机动团

日本防卫省计划引入 52 辆两栖突击车，目前还没有最终决定引入哪种型号的两栖突击车，但是引入用于试验的 6 辆 AAV-7 两栖突击车已确定部署。

现在日本陆上自卫队执行任务时使用更多的还是橡皮艇，但是橡皮艇的防御力并不理想，在敌人的攻击下会变得很脆弱。虽然 AAV-7 两栖突击车的速度相较于橡皮艇来说会慢很多，但是它使得车内士兵可以受到装甲的保护，在登陆后还可以通过车载机枪为队员提供火力支持。同时，AAV-7 两栖突击车在美国飓风灾害中也执行了救灾任务，日本陆上自卫队引入后也同样可以将其用于抢险救灾。

DATA 基本数据

长　　度：	8.16 米
宽　　度：	3.27 米
高　　度：	3.31 米
最大速度：	陆上 72 千米每小时、水中 13 千米每小时
发 动 机：	康明斯 VT400 水冷涡轮增压柴油机
乘　　员：	3 人 + 士兵 21 人
武　　装：	M2 12.7 毫米口径机枪 Mk19 40 毫米口径榴弹发射器

日本自卫队战力大揭秘

弹道导弹防御力量
"爱国者-3" MSE 防空导弹

日本航空自卫队为了应对导弹威胁，于2007年开始部署了"爱国者-3"。　　　　来源：EUPARO

因海湾战争中的表现而出名

日本航空自卫队的"爱国者"防空导弹不仅用来对付敌方飞机，还负责对付弹道导弹。

"爱国者"防空导弹由地基雷达、交战控制站、发射装置等组成，所有的组成部分都可以搭载于车辆上进行转移。一辆导弹发射车最大可装填4枚导弹，每一辆导弹发射车都通过光纤或者数字信号与交战控制站连接。

本来"爱国者"导弹是为了防御敌方战斗机才开发出来的，后来为了满足防御弹道导弹的需求，出现了拥有更大的雷达探测半径，杀伤威力更强的"爱国者-2"防空导弹。

据报道，"爱国者-2"防空导弹在1991年的海湾战争中弹道导弹的拦截成功率为40%，这使得"爱国者"防空导弹一时名声大噪，但是"爱国者-2"防空导弹采用的是破片杀伤方法，也就是说在接近敌方导弹时通过自身爆炸产生的弹片来攻击敌方导弹，由于这种方式即便是命中也有可能无法击落敌方导弹，所以实际上在海湾战争中"爱国者-2"防空导弹对弹道导弹的实际拦截成功率大概只有25%。

第二章 彻底改变！日本自卫队的新时代装备

"爱国者-3"导弹。攻击方式由传统的破片杀伤转化为碰撞杀伤。　　　　来源：EUPARO

强化了对弹道导弹的应对能力

总结了"爱国者"防空导弹在海湾战争中出现的问题后，设计人员又研发出了"爱国者-3"防空导弹，"爱国者-3"与"爱国者-2"相比虽然射程有所缩短，但是"爱国者-3"采用的是碰撞杀伤的方式，通过对敌方导弹的直接撞击使敌方导弹失效，这大大提高了"爱国者"防空导弹对弹道导弹的拦截能力。

对"爱国者-3"防空导弹的改良现在还在进行当中，而正在研发的最新型号"爱国者-3"MSE防空导弹则是通过对火箭发动机和燃气舵的改良实现了射程和运动性能的强化。

日本航空自卫队6个高射群的24个高射队全部配备了"爱国者"防空导弹，本来最初的计划是给3个高射群装备，但后来日本航空自卫队决定给6个高射群全部装备"爱国者-3"防空导弹。此外，日本在2013年12月出台的《中期防务力量发展计划》中，也公布了将引入"爱国者-3"MSE防空导弹的计划。

每一个发射筒最多容纳4枚导弹。一辆导弹发射车可以携带16枚导弹。　　　来源：ep_jhu

DATA	基本数据
长　度：	5米
直　径：	0.25米
重　量：	0.3吨
速　度：	5马赫
射　程：	50千米
燃　料：	固体火箭推进剂

55

日本自卫队战力大揭秘

日本陆上自卫队最新型反舰导弹
12式反舰导弹

导弹上的密封舱中安装了GPS装置,命中率得到提高。　　　　　　　　来源:日本陆上自卫队

从内陆精准攻击敌方舰队

12式反舰导弹是日本陆上自卫队最新型的反舰导弹了。整个导弹发射系统除了发射车之外,还包括搜索目标信息的搜索标定雷达、将雷达捕捉到的信息传回导弹射击指挥控制系统的中继装置、导弹射击指挥控制系统及弹药搬运车。

日本陆上自卫队最开始装备的88式反舰导弹是基于搭载在F-2战斗机上的ASM-1空舰导弹研发出来的,用涡轮喷气

日本陆上自卫队最初装备的反舰导弹——88式反舰导弹。　　　　　　来源:日本陆上自卫队

第二章 彻底改变！日本自卫队的新时代装备

发动机替换了原来的火箭发动机以扩大射程。此外，88式反舰导弹还具有地形跟踪飞行能力，即使以现在的标准来说依旧具有很先进的性能。

增加GPS导航以确保命中精度

12式反舰导弹相较于88式反舰导弹性能有了更进一步的提高。88式反舰导弹利用惯性制导将导弹引向目标区域，在接近目标时搭载在导弹上的探测器便开始向目标发射雷达波，利用雷达波再进一步引导导弹命中目标。12式反舰导弹在这些制导方式基础上又增加了GPS制导系统，导弹在飞行过程中可以根据目标的移动来对自身参数进行修正，进一步提高了命中率。

12式反舰导弹装填弹药的时间也进一步缩短，这使得被敌人锁定发射位置从而受到攻击的可能性大幅降低，发射车还可以接近90度的角度垂直发射导弹。

12式反舰导弹于2012年开始研制，2016年之前部署22辆导弹发射车以及264枚导弹。

另外，日本防卫省为了将12式反舰

12式地对舰导弹正在发射。　　　　来源：日本陆上自卫队

导弹的价值最大化，也正在它的基础上开发可搭载在日本海上自卫队舰艇上的新型反舰导弹。

DATA 基本数据

长　　度：	5米
宽　　度：	0.35米
重　　量：	700千克
动　　力：	涡轮喷气发动机 发射时加速用火箭发动机
有效射程：	100千米以上

来源：柿谷哲也

第三章

日本自卫队的特种部队

日本自卫队战力大揭秘

特别警备队主要任务是解除不明船舶的武装。　　　　　　　　　　　　　来源：柿谷哲也

日本自卫队历史上首次设立的特种部队
日本海上自卫队特种部队——特别警备队

以英国特别舟艇中队（SBS）为模板

日本海上自卫队特别警备队（Special Boarding Unit，SBU）是以英国的特别舟艇中队为模板，于2001年新设立的，由从日本自卫队中选拔出的人员组成的第一支特种部队。部队驻扎在广岛县的日本海上自卫队江田岛基地。SBU的第一任小队长伊藤佑靖氏1999年时曾任"妙高号"驱逐舰航海长。

SBU有100人左右，由指挥部和3个小队组成。SBU最小的战术单位为9人组成的"班"，1个小队由2个班组成。

精通突击检查和潜伏登陆

对SBU来说，主要任务是对可疑船只的突击检查，利用直升机速降或者驾驶高速刚性充气船（RHIB）强行登船，

第三章 日本自卫队的特种部队

隶属日本海上自卫队的特别警备队。　　　　　　　　　　　　　来源：柿谷哲也

解除船上人员武装并使其丧失抵抗能力。本来，各护卫舰上都有自己的负责检查可疑船只的检查队，但是这个级别的检查队基本都是在突发状况发生后才临时组织的，实施突击检查不过是兼职的舰艇船员而已。而且，该检查队并不具备SBU的能力。

SBU的主要任务多少会和日本海上保安厅的特殊警备队（SST）的任务有重合。但是，如果出现突发状况，SBU也可以像外国的海军特种部队一样负责水中爆破等特种任务。

游泳、射击、维修等技能都要具备

SBU队员的选拔和训练标准都未向外界公布，但是2008年在格斗训练中发生队员死亡的事故，由此可以推断SBU队员的训练应该是非常残酷的。SBU不

DATA　基本数据

创　　立	2001年
人　　员	100人
主要任务	对可疑船只进行突击检查
主要装备	89式步枪 9毫米口径手枪

61

仅接受英国 SBS 特种部队的训练，也师从于美国海军陆战队。SBU 的军官曾进入美国海豹突击队学习基础水中爆破训练课程，回日本后再把自己的所学传授给其他队员们。

通过 SBU 的训练，可以学习到很多实战经验。此外，只要是下士以上军衔且年龄在 30 岁以下的日本海上自卫队队员不论是什么兵种都可以参加 SBU 的选拔。由此，SBU 队伍中，也有很多来自警察部队和水中爆炸物处理小组的队员。对于 SBU 队员来说，游泳和射击技能不用说，出色的体能也是必要的。队员们也被要求掌握维修等技能，还要学习使用机械设备。一部分 SBU 队员甚至还有空降的技能。

装备特种步枪 HK416

关于 SBU 单兵的枪械装备，通过 2007 年举办的"是开始也是结束"演习，外界确认了 SBU 队员已装备 89 式步枪（折叠枪托式）和 9 毫米口径手枪（P226）。至于其他的武器，通过日本防卫省公布的消息来看，也基本可以断定该队伍已经试用了 HK416 特种步枪。

2001 年，在日本九州西南海域发生

正高速向可疑船只前进进行突击检查的 SBU 队员。　　　　　　　　　　　　　来源：柿谷哲也

第三章 日本自卫队的特种部队

SBU 队员根据情况也会使用预警直升机。　　　　　　　　　来源：柿谷哲也

了"九州间谍船事件"。不过还没等到 SBU 出动，疑似为间谍船的可疑船只就自己沉没了。此外，在 2006 年发生了伊拉克武装恐怖分子绑架 3 名日本人的事件。当时日本自卫队和美军一起制订了代号为"巴比伦樱花"的解救人质计划，但是依旧没能等到计划的实施。从 2009 年开始，SBU 乘坐护卫舰前往亚丁湾，开始对付索马里海盗。

SBU 队员从直升机上索降。　　来源：柿谷哲也

特殊作战群对信息实行管控，其编制、装备、训练内容等基本上没有公开过。

日本自卫队组建的第二支特种部队

日本陆上自卫队的特种部队——特殊作战群

以空降兵为基础新编而成

特殊作战群（Special Forces Group，SFGp）简称为特战群，是 2004 年新编成的日本陆上自卫队首支特种部队。因为日本航空自卫队目前还没有特种部队，所以这是日本自卫队的第二支特种部队。最初，在第一空降团的队员内部，就私下里组织了两支分别被称为 S（英文中特殊一词的首字母）和 G（西班牙语中游击一词的首字母）的两支队伍，这两支队伍就是特战群的前身。

据说在特战群中，第一空降团的空降先锋队是整支队伍的骨干，在建设过程中也受到美国三角洲部队和绿色贝雷帽特种部队的帮助。现在特战群的主要任务是反恐作战以及游击作战，而不会执行像外国特种部队那样的暗杀任务。部队由特战群本部、本部管理中队、第

第三章　日本自卫队的特种部队

1 至第 3 中队以及特种作战教务队组成。大概有 300 人左右，其中 200 人都是实战人员。

充满了神秘色彩的特种部队

特战群的队员们在中央快速反应集团的新编队员入列典礼上，除指挥官之外的其他队员即便是身穿制服时也用面罩遮住了脸。本来面罩是用来防寒的，同时具备着在野外战斗中隐蔽并保护自己面部的作用，然而黑色的面罩与制服并不搭，而且在典礼上遮住面部本来也是反常的行为。也许这并不是为了凸显特种部队的存在感，而是单纯的保密罢了。另外，特战群训练时的照片也一张都没有公布过，是日本特种部队中保密程度最高的队伍。

日本特警部队和海上保安厅也是如此，他们似乎很重视保持神秘感。而另一方面，欧美的特种部队正在积极地向外界传达一些可以公开的信息以达到震慑潜在对手的作用。

练习射击时标靶两侧站着队友

特战群队员的选拔和训练不用说肯定是机密。由于相较于其他发达国家的特种部队来说日本的特战群是起步最晚的，所以才要通过最残酷的训练来提升自己。之前在日本陆上自卫队的内部杂志中虽然见到过特战群选拔和训练的照片，但是训练的详细内容却不为外人所知。不过退役的第一批特战群的军官荒

特战群队员使用枪托可折叠的 89 式步枪，穿着市区用作战服。

古卓氏在采访中提到过，特战群队员在练习射击训练的时候标靶两边站的是他们的队友。在其他国家，如法国国家宪兵特勤队（GIGN）也采取了同样的训练方式。GIGN 甚至会进行用手枪来射击身穿防弹背心的队友这样更为残酷的训练。而对安全管理要求极为严格的日本自卫

DATA	基本数据
创　　立：	2004 年
人　　员：	300 人左右
主要任务：	反恐作战、游击战
主要装备：	89 式步枪、M-4 卡宾枪、HK416 自动步枪

队，不管有多少个特战群，也都不会让队员身穿防弹背心成为射击的标靶。

装备了带消音器的手枪

虽然特战群没有公布单兵配备的武器，但是除了89式步枪外应该还配备了M-4卡宾枪。此外，还有巴雷特公司生产的狙击枪、震爆弹以及J.P.Sauer&Sohn公司生产的特种手枪。同时，通过曾去习志野驻地访问过的前相扑选手水户泉关发布在博客上的照片来看，我们可以确定特战群还装备了带消音器的黑克勒·科赫公司生产的USP手枪。

特战群装备了各式各样的武器，但是作为没有实战经验的日本自卫队的一部分，自然也没有和敌人交战的记录。但是，2006年，日本自卫队伊拉克复兴支援群第10编队曾被派往伊拉克萨马沃镇负责大部队营地的警戒任务。虽然特战群的实力外界不好推测，但是部队成长了十几年了，终于拥有了"基本作战能力"。

在日本媒体报道中特殊作战群一般被称为特战群。

来源：Legacy_dsss

第四章
日本航空自卫队的武器装备

日本自卫队战力大揭秘

日本航空自卫队的主力战斗机
F-15 战斗机

F-15 作为日本航空自卫队的主力战斗机，部署于日本 8 个飞行队及飞行教育队中，共有 200 架左右。

来源：Legacy_dsss

战斗机中的劳斯莱斯

　　日本航空自卫队现役的主力战斗机有三种型号，但是这其中超过一半是 F-15 战斗机，有 201 架。

　　作为战斗机，F-15 的机身稍微有些大，但是由于采用了钛合金材料，相较于硬铝合金来说重量轻了很多，所以 F-15 战斗机具备着和它庞大机身不相符的高机动性。

　　此外，由于搭载了动力强劲的发动机，速度、加速能力以及爬升能力都不错，就连电子设备也使用的是当时世界上最顶尖的配置。该战斗机装备了拥有 150 千米探测能力的 AN/APG-63 脉冲多普勒雷达，这种雷达能更好地发挥 AIM-7 "麻雀"空空导弹以及 AIM-120 空空导弹的优势。

　　由于性能好，导致价格昂贵以至于在交付的时候被称为 "战斗机中的劳斯莱斯"，除了研发国美国之外，只有以色列、沙特阿拉伯以及日本航空自卫队引进了这种战斗机，而装备 200 架以上的只有日本航空自卫队。

在多次实战中证明了实力

　　虽然日本航空自卫队的 F-15 没有任

第四章 日本航空自卫队的武器装备

F-15 战斗机有优异的机动性。　　　　　　　　　　　　　　　　　　来源：keis

何实战经验，但是在美国、以色列以及沙特阿拉伯服役的 F-15 却参加了海湾战争、科索沃战争以及黎巴嫩战争。

F-15 战斗机的能力在战争中被很好地证明，先于日本自卫队引入 F-15 的以色列空军，在 1979 年至 1982 年间，共击落 60 架叙利亚空军的米格 -21 和米格 -23 战斗机。美国空军的 F-15 也在海湾战争、科索沃战争和伊拉克战争期间因击落 43 架敌机而自己没有一架被击落，创造了空战的历史纪录。

毫无疑问，从冷战时代开始，引进的这些 F-15 已经成为日本国土防空的重要力量。

DATA 基本数据

长　　　度：	19.4 米
宽　　　度：	13.1 米
高　　　度：	5.6 米
最大起飞重量：	30845 千克
最 大 速 度：	2.5 马赫
发　动　机：	2 台 F110 涡扇发动机
乘　　　员：	1 人
武　　　器：	M61A1 航炮 1 门
	AAM-3 空空导弹
	AAM-4 空空导弹
	AAM-5 空空导弹
	AIM-9L 空空导弹
	AIM-7F/M 空空导弹
	无制导炸弹

日本自卫队战力大揭秘

F-15战斗机的飞行员被称为"驭鹰者"。　　　　　　　　　来源：gaku915

分布在日本各地来保护领空

日本航空自卫队装备单座型的F-15J和双座型的F-15JD共计213架，除了在事故中坠毁的12架以外，全部为现役。

现役F-15J/DJ主要分布在以北海道千岁机场为大本营的第二航空团第201、第203飞行队，以百里基地为大本营的第七航空团第305飞行队，以小松基地为大本营的第六航空团第303、第306飞行队，以筑城基地为大本营的第八航空团第304飞行队，以那霸基地为大本营的西南航空混成团第204飞行队，以新田原基地为大本营的飞行指导队第23飞行队。

通过现代化改装使性能进一步提升

F-15战斗机从在日本服役开始已持续30多年了，但是随着更加先进的战斗机在世界各国相继服役，F-15战斗机逐渐显得力不从心。

由此，日本航空自卫队决定对现

F-15采用了F110发动机。　　来源：Legacy_dsss

役的 201 架 F-15J 和 F-15DJ 战斗机当中自 1985 年之后交付使用的 102 架参与多阶段改良升级计划（Japan-Multi-Stage Improvement Program，J-MSIP）的 F-15 战斗机进行现代化改装。

这些 F-15 战斗机改装内容涉及很多方面，包括雷达、中央计算机系统、数据连接系统、99 式空空导弹、04 式空空导弹，部分机型还搭载了红外搜索与跟踪系统和集成电子战系统。

F-15 是各项能力均衡、可靠性高的战斗机。
来源：masaki hotta

F-15 战斗机可在低空飞行时于起伏地形中寻找敌人，搜寻能力极高。　　来源：Masahiro Kurata

"全能战士"
F-2 战斗机

F-2 战斗机拥有高性能雷达和很强的反舰能力。　　　　　　　　来源：gaku915

多方合作研发，几经周折后诞生的战斗机

F-2 战斗机在日本航空自卫队主要负责防空任务，遇到特殊情况也会承担对地攻击任务，是"全能战士"。

F-2 战斗机自研发至今已有 30 多年历史。当时日本防卫省和日本航空自卫队想要研发一款战斗机替代当时的 F-1 战斗机。

但是美国的介入让日本的自主研发计划流产。新战斗机（FS-X）以美国的 F-16 战斗机为基础，再加入日本方面的要求和技术，最终 FS-X 战斗机被赋予了 F-2 战斗机这个名称。

F-2 战斗机为了追求续航能力的增强、搭载更多的武器装备，采用了最先进的材料以减轻机体重量，主翼的面积是 F-16 战斗机的 1.25 倍。此外，有源电子扫描阵列（AESA）雷达和吸收雷达波材料也得到运用，由此，研发周期一而再再而三地被延迟，2000 年才交付日本自卫队使用。

第四章 日本航空自卫队的武器装备

与 F-16 战斗机不同，F-2 战斗机采用了三片式座舱盖。

对新威胁的应对能力得到强化

F-2 战斗机的前任机型 F-1 战斗机主要任务是攻击敌方舰艇。F-2 战斗机作为它的后继机型，可以携带 4 枚长射程的 ASM-2 重型反舰导弹，在服役之初可谓是全世界最强的反舰战斗机之一。

但是冷战结束后，日本需要削减战斗机数量，同时日本航空自卫队的任务也变得多样化，除了对反舰能力有高要求外，还需要对地、对空打击能力。

为了实现战斗机对地、对空打击能力，日本自卫队对 99 式空空导弹进行了

DATA 基本数据

长　　度：	15.52 米
宽　　度：	10.8 米
高　　度：	4.96 米
重　　量：	22100 千克
最大速度：	2 马赫
发 动 机：	1 台 F110 涡扇发动机
乘　　员：	1 人
武　　装：	M61A1 20 毫米口径航炮
	AAM-3 空空导弹
	AAM-4 空空导弹
	AAM-9L 空空导弹
	ASM-1/2 反舰导弹
	联合制导攻击武器等

紧急改造。此外，2005 年以后的日本自卫队订单都有红外线前方监视装置，对隐形战斗机的作战能力得到提升。

两支飞行队调入筑城基地

当初日本预计装备141架F-2战斗机，后来由于机体较小不方便后期改装，最后算上试验机也一共只生产了 98 架 A 型单座版和 B 型双座版。

目前，位于青森县的三泽基地部署有两个 F-2 战斗机飞行队，分别是第 3 飞行队和第 8 飞行队，此外，筑城基地也部署了第 6 飞行队。同时，随着筑城基地的第 304 飞行队调往那霸基地，原本在三泽基地的第 8 飞行队也于 2016 年调到筑城基地。

可搭载空舰导弹、航空炸弹、空空导弹的 F-2 战斗机。
来源：Toru Watanabe

期待可以在一线大显身手的多功能战斗机

除了前文提到的 3 支飞行队之外，还有一支由 F-2B 战斗机组成的第 21 飞行教练机队。第 21 飞行队所在的宫城县松岛基地在 2011 年的"3·11"日本地震

降落时打开减速伞的 F-2 战斗机。
来源：yasu_osugi

第四章 日本航空自卫队的武器装备

F-2 战斗机机首安装了相控阵雷达。　　　　　　　　　　　　来源：Shinji Kuriyama

中受海啸灾害严重,有 18 架 F-2B 战斗机被水淹没。一时间日本航空自卫队陷入了无法培养新飞行员的窘境。

有志成为 F-2 战斗机飞行员的日本自卫队员会先在第 21 飞行队通过 F-2B 战斗机接受飞行训练。
来源：hamutate

不过在那之后日本自卫队又发现受灾的 18 架战斗机中有 13 架可以修复。此外,第 21 飞行队也从其他飞行队中借来几架 F-2B 战斗机以确保飞行培训工作的顺利开展。

日本自卫队给 F-2 战斗机加装激光联合制导攻击武器和新型 XASM-3 反舰导弹等新式武器装备以及数据分享的功能。这些改装可以使得 F-2 战斗机不输给其他国家的多功能战斗机,长期作为日本航空自卫队的主力战斗机活跃在一线。

75

老而弥坚
F-4EJ 改战斗机

F-4EJ 战斗机是以美军 F-4E 战斗机为基础改造而来。

来源：Me262A1

在越战中被重用的畅销产品

从 F-4EJ 改"鬼怪"战斗机服役开始计算，到现在它已经保护日本领空 40 多年了。

研发 F-4 战斗机的麦克唐纳·道格拉斯公司一开始是将 F-4 战斗机定义为航空母舰的舰载机，但是同时 F-4 战斗机采用了当时功率最大的 J79 发动机，可以携带大量的武器装备同时又兼具很高的机动性能，所以当时美国海军、空军和海军陆战队都装备了 F-4 战斗机。该战斗机首次实战是在越南战争中，当时 F-4 战斗机不仅仅执行制空作战任务，还参与了对地攻击任务，取得了很好的战绩。

由于在越南战争中的出色表现，日本、英国以及德国等 11 个国家都引进了 F-4 战斗机。最终 F-4 战斗机共生产了

F-4EJ 战斗机可搭载 F-4 战斗机无法搭载的两种空空导弹、也可使用空舰导弹。

来源：Satoshi Hashimoto

第四章 日本航空自卫队的武器装备

F-4EJ 改战斗机和 F-4EJ 战斗机在外观上的区别是垂直尾翼上端的雷达告警装置。

来源：Satoshi Hashimoto

5195 架，成为世界畅销的战斗机之一。

日本航空自卫队从 1971 年开始仿制 F-4EJ，一直到 1981 年停产，其中包括成品机 2 架、以全散件形式进口在日本完成组装的 11 架、获得授权在日本生产的 127 架，总共引入了 140 架 F-4EJ 战斗机。

日本独有的改进型

F-4EJ 改战斗机在引进后的 40 多年内都作为日本的主力战斗机活跃在一线，1987 年 8 月份苏联军军图 -16 轰炸机进入日本领空，日本自卫队使用 F-4EJ 改战斗机进行了创立以来唯一的一次警告射击。

DATA 基本数据

长　　度：	19.2 米
宽　　度：	11.77 米
高　　度：	5.02 米
重　　量：	28030 千克
最大速度：	2.4 马赫
乘　　员：	2 人
武　　装：	M61A1 20 毫米口径航炮
	AIM-7 空空导弹
	AIM-9L 空空导弹
	ASM-1/2 反舰导弹
	无制导小直径航空炸弹

77

日本自卫队战力大揭秘

F-4EJ 改战斗机前后座席都有操作装置，但是原则上后座席不操纵飞机。　　来源：Satoshi Hashimoto

但是，在1976年9月苏联空军米格-25战斗机在日本函馆机场强行降落的事件中，F-4EJ战斗机虽然紧急起飞，但是由于雷达性能不足的问题起飞后就失去了目标。

现在日本航空自卫队的F-4EJ改战斗机是在吸取了米格-25战斗机强行降落事件的经验后，为了应对除对空战斗外的各种任务，对最初的F-4EJ战斗机进行改装后，日本独有的型号。

F-4EJ改战斗机由于换装了中央计算机系统，能够发射ASM-1/2空舰导弹和联合制导攻击武器，此外，雷达也更换成AN/APG-66J火控雷达，因此拥有了对机体正下方飞行器的搜索和攻击能力。于是，原来的F-4EJ战斗机中除了被改装成RF-4EJ侦察机之外的全部面临着退役

F-4EJ战斗机（里）和F-4EJ改战斗机（外）。
来源：日本防卫省

第四章 日本航空自卫队的武器装备

的命运。

有效控制机体老化的管理系统

F-4EJ 战斗机的改装工作从 20 世纪 80 年代初开始，1984 年起陆续交付日本航空自卫队。

虽然有些老化的战斗机已陆续退役，但是现役的 F-4EJ 改战斗机主要服役于以百里基地为大本营的第七航空团下属的第 302 飞行队以及以新田原基地为大本营的第五航空团下属的第 301 飞行队，长期执行任务。

虽然接受过现代化改装，但是支撑 F-4EJ 改战斗机服役超过 30 年的还是一个叫作《飞机结构完整性大纲》（ASIP）的管理系统。

ASIP 系统将每个机体的飞行数据都进行单独管理并利用电脑进行分析，可以更加精确地判定机体的疲劳度和疲劳极限，多亏了这个管理系统，F-4EJ 改战斗机到目前为止都没有出现过事故。

F-4EJ 改战斗机机体后部可以释放减速伞。　　　　　　　　　　　　　　　　　　　　　来源：B_A_T_

空战中不可缺少的空中司令部
E-767 预警机

E-767 预警机在波音 767 客机的基础上进行了改装。　　　　　　　　来源：Keisuke Kariya

米格 -25 事件后开始研究装备预警机

1976 年 9 月，苏联空军飞行员操纵米格 -25 战斗机强行降落函馆机场，让日本航空自卫队意识到了防空问题的重要性。为了改进这个问题，当时的日本防卫厅研究引进刚刚被美国空军装备的 E-3 "望楼" 预警机。然而，由于 E-3 预警机刚刚在美军服役，所以有出口限制，再加上预算不足，最终日本选择了引入价格更便宜，更容易操作的 E-2C 预警机。

然而，由于各国导弹能力的提升，地面雷达网络和航空管制系统的脆弱，日本防卫厅也在持续讨论引进更先进的预警机。日本在 1991 年发表的《中期防务力量发展计划》中，决定引进 4 架预

E-767 预警机舱内设计，与美国空军 E-3 预警机相比较 E-767 预警机的地板面积是 E-3 预警机的 1.54 倍，容积是 E-3 预警机的 2.1 倍。
来源：日本航空自卫队

第四章 日本航空自卫队的武器装备

E-767 预警机搭载了大量电子设备，机体没有窗户。　　　　　来源：Keisuke Kariya

警机。但是，由于作为 E-3 预警机改装平台的波音 707 型客机已停产，日本防卫厅最终决定采用波音公司的提案，引进在波音 767-200ER 型客机基础上开发出的 E-767 预警机。

专供日本航空自卫队的 E-767 预警机

E-3 预警机除了在美国空军服役外，还在法国空军、英国空军、沙特阿拉伯空军服役，而以波音 767-200ER 平台开发出的 E-767 预警机目前仅供日本航空自卫队。

E-767 预警机简单来说就是将 E-3 预警机的系统转移到波音 767-200ER 机体之中，但是，波音 767-200ER 型客机的机舱地板面积是 707 型客机的 1.54 倍，机舱容积是 707 型客机的 2.1 倍，所以就空间而言 E-767 预警机较 E-3 预警机大了不少。

和开发平台波音 767-200ER 型客机不同，为了保护乘员以及电子仪器不受

DATA 基本数据

长　度：	48.51 米
宽　度：	47.57 米
高　度：	15.85 米
重　量：	174635 千克
最大速度：	800 千米每小时
乘　员：	2 名驾驶员、19 名操作员
武　装：	无

81

雷达发射的强力电磁波干扰，E-767 预警机是没有窗户的。电子仪器都集中部署在机体前部，机体的后方被作为长时间执行任务人员的轮休空间，还设置了休息站以及厕所等设施。

装载雷达和敌我识别系统的大型圆盘形天线罩

E-767 预警机最大的特征就是机体上方搭载的那个装载了 AN/APY-2 雷达和敌我识别（IFF）系统的圆盘形天线罩。10 秒钟可以转一圈的圆盘形天线罩每转一圈所搭载的雷达发射的电磁波就可以同时探测到敌机的方位、高度以及距离。

AN/APY-2 雷达监视海上目标的能力很强，这对于四面环海的日本来说简直是最适合的雷达了。敌我识别系统是根据目标有无应答己方发出的雷达波来判断目标是否为敌人，通过敌我识别系统和雷达，E-767 预警机的电脑就可以分

E-767 预警机登机方式与客机相同。
来源：Masahiro Kurata

E-767 预警机续航能力也很优秀，可在 300 海里左右的空域连续进行 10 小时的警戒巡逻任务。
来源：Ken Burkhalter

第四章 日本航空自卫队的武器装备

E-767 预警机机体上装备的圆顶直径 9.1m，厚度 1.8m。内部装有 AN/APY-2 雷达和 IFF 敌我识别系统。
来源：EUPARO

析出雷达自动捕捉到的目标是敌人还是友军。

雷达和敌我识别系统收集到的信息经过电脑的处理后，会呈现在机内操作人员面前的显示器上。操作人员根据这个情报来指挥己方的战斗机部队进行作战。

改装后也具备了针对巡航导弹的搜索能力

日本航空自卫队一共装备了 4 架 E-767 预警机，现在部署于静冈县浜松基地的第 602 飞行队。装备一架 E-767 预警机就要花去大约 555 亿日元，是日本航空自卫队中最昂贵的飞机。

价格方面就不多说了，能力方面 E-767 预警机也是日本航空自卫队打算长期使用的"宝贝"。所以，目前日本也在推进以美国空军 E-3 预警机最新型号 E-3 block 40/45 远程预警机为标杆进行现代化改装，改装完成后 E-767 预警机将会拥有和 F-15J 战斗机共享数据的能力以及应对巡航导弹的能力。

浜松基地第 602 飞行队的 E-767 预警机。
来源：tataquax

从上空监视着日本周边空域
E-2C 预警机

预警机集搜索、救援、指挥任务于一体,可代替陆基雷达,担负着空中作战统筹的任务。

来源:Mark Rourke

以米格-25事件为契机引入的预警机

前文提到过,1976年9月,函馆机场发生了苏联空军飞行员驾驶米格-25战斗机强行降落事件,这暴露出了日本航空自卫队的防空问题。

其中一点是虽然地面雷达已探明米格-25战斗机正在接近日本领空,但是当米格-25战斗机切换到超低空飞行模式后,雷达便丢失了目标。这加速了日本引进可以捕捉到超低空飞行目标的预警机的工作,最终日本装备了E-2C早期预警机。

E-2C预警机本来是作为美国海军航空母舰的舰载机开发的,但是只有美国海军和法国海军将其作为航空母舰舰载机使用,以日本航空自卫队为首,新加坡以及阿联酋等国家都将它作为空军飞机使用。

已决定引入最新型的E-2D预警机

E-2C预警机顶部的圆盘体中搭载了强力的雷达,并在机体内部署了大量的电子仪器,可以同时跟踪250个目标并可以指挥己方战斗机对其中30个威胁最大的目标进行拦截。但是由于该飞机最初是作为航空母舰舰载机开发的,所以

第四章 日本航空自卫队的武器装备

2005 年开始，与美军 E-2C "鹰眼 2000" 预警机实力相当的日本改造版 E-2C 预警机陆续交付部队。

来源：Satoshi Hashimoto

设计有一定的局限性，机体相较于 E-767 预警机小了一些，也没有配备洗手间和厨房等设施。

日本航空自卫队装备了 13 架 E-2C 预警机，部署在青森县三泽基地的 601 飞行队和冲绳县那霸基地的 603 飞行队中。

E-2C 预警机已在日本航空自卫队服役超过 30 年，机上的电子仪器已日益老化。因此，日本航空自卫队也对 E-2C 预警机进行了现代化改装，包括更换了任务分析电脑以及操作员使用的操作台，换装了新型螺旋桨以提升其飞行性能。

此外，日本又决定引入 4 架搭载了更强大搜索能力的 AESA 雷达，并且能够同宙斯盾舰进行共同作战的最新型 E-2D "先进鹰眼" 预警机。

日本航空自卫队（右）飞机与美军 E-2C 预警机共同飞行。
来源：Airman Magazine

DATA	基本数据
长　　度	17.6 米
宽　　度	24.6 米
高　　度	5.6 米
重　　量	24721 千克
最大速度	625 千米每小时
发 动 机	2 台 T56-A-427 涡轮螺旋桨发动机
乘　　员	2 名驾驶员、3 名操作员
武　　装	无

使战斗力倍增的"空中加油站"
KC-767 加油机

加油状态的 KC-767 加油机。　　　　　　　　　　　　来源：Masahiro Kurata

除了日本航空自卫队之外还被意大利空军引进

日本航空自卫队的《防卫计划大纲》规定战斗机总数为280架，也就是说，必须仅用这280架战斗机应对来自空中的威胁。为了更加高效地运用数量有限的战斗机，可在空中为战斗机加油使战斗机增强续航能力的空中加油机是不可或缺的，日本航空自卫队于2003年引进了KC-767加油机。

KC-767 加油机是以波音 767-200ER 货机为平台开发出来的空中加油机，除日本航空自卫队外还被意大利空军引进。此外，同样以波音 767-200ER 为平台大幅优化了驾驶舱以及空中加油装置的 KC-46A 加油机也被美国空军装备。

日本航空自卫队原本想引进 8 架 KC-767 加油机，但是由于费用过高，只引进了 4 架。日本在 2013 年公布的《中期防务力量发展计划》中确定将追加引进 3 架加油机，其中以 KC-46A 为平台开发的机型成为有力的候选机。

也可作为运输机使用

意大利引进的 KC-767 加油机的加油方式有两种，第一种是被称为"硬管式"（Flying Boom）加油系统，加油机将燃油管直接插入受油机的受油口当中进行

第四章 日本航空自卫队的武器装备

KC-767 加油机的操作员通过机体底部的 5 部摄像头,操纵伸出 6 米左右的输油管,给战斗机加油。
来源:pocari2762

燃料补给,第二种是"软管-浮锚式"加油系统,受油机在机首或机翼前缘装有一根固定的或可伸缩的受油管,而加油机的加油设备则由绞盘、软管和一个漏斗式浮锚组成,当受油管伸进浮锚后,浮锚上的机构自动锁紧受油管口使之与输油软管相衔接。而航空自卫队引入的 KC-767 加油机只有"硬管式"加油系统。

空中加油作业是由加油机驾驶舱后方的操作员,一边使用摄像机观察状况一边进行。

KC-767 加油机的机舱也可以作为货舱使用,可以运输 200 名乘员或 22 个货物托盘。KC-767 加油机的续航距离是日本航空自卫队现役飞机中最长的,可以在菲律宾或者巴基斯坦发生灾害时提供救援。

KC-767 加油机正在给 F-15 战斗机进行空中加油。
来源:日本航空自卫队

DATA 基本数据

长　　度:	47.57 米
宽　　度:	48.51 米
高　　度:	15.9 米
重　　量:	176000 千克
最大速度:	0.84 马赫
发 动 机:	2 台 CF6-80C2 涡轮风扇发动机
乘　　员:	4 人
武　　装:	无

日本航空自卫队的主力运输机
C-130H 运输机

日本派往伊拉克的 C-130H 运输机采用了蓝色涂装。　　　　　　　来源：Martin Tack

共引进 16 架作为
C-1 运输机的候补机型

日本航空自卫队引进的 C-130H 运输机从原型机的初次试飞至今已经过了 60 年，现在 C-130H 运输机依旧没有停产，是战术运输机中的畅销机型。

C-130 运输机体型巨大，采用了上单翼结构，货舱门设计在机体的后方，这是现代战术运输机的标准布局。此外，C-130 运输机也初次运用了可以高效卸载货物的 463L 的托盘装载系统。

C-130H 运输机的货舱宽 3.12 米、高 2.81 米、长 12.5 米，可以容纳 6 个大型货物托盘或是 64 名全副武装的空降兵。最大有效载荷为 19356 千克，是 C-1 运输机的 3 倍左右，装载 18140 千克货物的情况下 C-130H 运输机能够续航 3600 千米。

作为 C-1 运输机的候补机型，日本航空自卫队在 1984 年到 1998 年间共引进了 16 架 C-130H 运输机。

众多 C-130H 运输机已经执行过海外任务

有一架 C-130H 运输机接受了改装，搭载了英国空中加油有限公司研发的"软管-浮锚式"空中加油系统，后被称为 KC-130H 加油机。日本在 2013 年 12 月发表的《中期防务力量发展计划》中，批准

第四章 日本航空自卫队的武器装备

C-130H 运输机机体后部的舱门成为现在战术运输机的标准设计。

来源：Dinasty Oomae

了给 C-130H 进行空中加油机改装的方案，今后会持续增加 KC-130H 加油机的数量。

C-130H 运输机的任务范围广泛，除了日本航空自卫队各基地间的物料运输任务之外，还为日本陆上自卫队第一空降兵团提供支援。

此外，C-130H 运输机还执行了多次海外任务，在 2004 年 3 月到 2006 年 3 月之间，日本曾派 C-130H 运输机飞往伊拉克参与援助伊拉克的任务，向科威特基地运送了大量的人员和物资。

通常，C-130H 运输机的涂装为绿色、茶色以及灰色组成的三色迷彩，但是日本派往伊拉克的 C-130H 运输机使用了蓝色的涂装，为的是降低地面识别度，此外，这些 C-130H 运输机还装备了导弹预警装置。

C-130H 运输机通常的涂装由绿色、茶色、灰色三色组成。

DATA 基本数据

长　　度：	29.8 米
宽　　度：	40.4 米
高　　度：	11.7 米
重　　量：	70300 千克
最大速度：	589 千米每小时
发 动 机：	4 台 T56-A-15 发动机
乘　　员：	6 人
武　　装：	无

活跃在物资运输和抢险救灾中
CH-47 运输直升机

CH-47 运输直升机平时的主要任务是往雷达站运送物资,非常时期也执行救灾任务。 来源:Jerry Gunner

为雷达基站的货物运输提供支援

日本航空自卫队的 CH-47 运输直升机搭载了可以自动开启防空管制系统的日本自卫队自动防空管制系统(JADGE)。这个系统依赖于分布在日本全国的 28 处 24 小时运行的检测雷达站(航空管制部队)。

雷达站大多部署在山顶、海岸线以及孤岛等偏僻的地方。这样一来,维持雷达 24 小时运行的物资以及执勤队员们的生活物品是很难通过陆路运输的。

因此,日本航空自卫队大多是通过空运来为雷达基站补充物资,而作为运输主力的就是 CH-47 运输直升机。日本航空自卫队共引进了 20 架以上的 CH-47 运输直升机为雷达基站和地空导弹部队运输物资。

不仅执行运输任务,还参与了抢险救灾活动

现在共有 15 架 CH-47 运输直升机服役于日本航空自卫队的四个基地,分别是位于青森县的三泽基地,位于埼玉县的入间基地,福冈县的春日基地以及冲绳县的那霸基地。

前文提到过,服役于日本航空自卫

第四章 日本航空自卫队的武器装备

日本航空自卫队的 CH-47J 运输直升机在机体右前门上安装了日本陆上自卫队的 CH-47J 运输直升机所没有的救助用吊车。
来源：Donkey_Tramp

队的 CH-47 运输直升机的主要任务不仅仅局限于为雷达站运输物资和人员，还参与到了抢险救灾的活动中，所以救援用的起重机也是由 CH-47 运输直升机运输的。

2002 年以后日本航空自卫队订购的机型和日本陆上自卫队配备的 CH-47 运输直升机一样，增加了油箱的容量，同时也加装了 GPS 系统和气象雷达装置。

日本航空自卫队的 CH-47J 直升机（左）以及日本陆上自卫队的 CH-47J 直升机（右）的迷彩涂装有所不同。
来源：尻手人

DATA	基本数据
长　　度：	30.18 米
宽　　度：	16.26 米
高　　度：	5.69 米
重　　量：	22680 千克
巡航速度：	270 千米每小时
乘　　员：	2 人
武　　装：	无

拯救遇难飞行员于水火
UH-60J 直升机

三菱重工获得 UH-60J 直升机的生产许可,日本自卫队员称其为"乐高"。　来源:Satoshi Hashimoto

做为高性能机型引进

日本航空自卫队的 UH-60J 直升机是基于美军的 HH-60A 直升机研发的一款救援直升机。日本在决定引进 UH-60J 直升机时,由于 UH-60J 直升机配置了 HH-60A 直升机并不具备的航空气象雷达以及机载前视红外系统(FLIR),所以在性能上是要大大优于 HH-60A 直升机的。

UH-60 直升机的原型机是作为日本陆上自卫队 UH-1 直升机的后继机型开发的。UH-60 直升机在开发过程中吸取了 UH-1 直升机生存性极低的教训,除了采用了多路复用的操作系统之外,从发动机转子到座椅也都采用了抗冲击材料,这样 UH-60 直升机即使少量中弹,飞行员也不会失去对机身的控制。

日本航空自卫队比日本陆上自卫队率先引入了 UH-60J 直升机作为 KV-107 直升机的后继机型。

不仅仅局限于搜救遇险的战斗机飞行员

为了能够提高在海上的识别度,UH-60J 直升机采用了白色和黄色组合的涂装,但是日本在 2005 年开始购入的机型,为了能够胜任在实战当中的搜救任务,采用了海上迷彩涂装,之前黄色和白色涂装的机型也逐渐更换成海上迷彩涂装。后续的 UH-60J 直升机增配了箔条 - 红外干扰弹投放器和导弹报警装置,有些还

第四章 日本航空自卫队的武器装备

UH-60J 直升机操作席通常为飞行员 2 人、救援人员 2 人、其他乘员 1 人共 5 人。　　来源：hayuki / Veno

安装了空中加油的受油孔。

UH-60J 直升机在日本全国各处基地共部署了 10 个机队，执行航空搜救任务。本来航空搜救任务只局限于搜救遇险的战斗机飞行员，但由于 UH-60J 直升机机体性能优越，飞行员及搜救小队成员的技能出色，在消防队、警察局、海上保安厅等遇到无法完成的任务时，日本自卫队航空救援队也会伸出援手。

UH-60J 直升机当初采用白色和黄色的涂装。
　　　　　　　　　　　来源：s.dog

DATA 基本数据

长　　度：	15.65 米
宽　　度：	16.36 米
高　　度：	5.13 米
重　　量：	10000 千克
最 大 速 度：	265 千米每小时
乘　　员：	5 人
武　　装：	无

可以应对弹道导弹的"照相机雷达"
J/FPS-5 雷达

日本新潟县佐渡分屯基地的 J/FPS-5 雷达部署在山顶。

来源：i509

应对弹道导弹的雷达系统

J/FPS-5 雷达由于其独特的外形而被称作"照相机雷达"，是目前装备于日本航空自卫队的一种陆基固定型监控雷达。

20 世纪 90 年代中期，当时日本并不拥有侦察卫星，无法在前期就探测到导弹发射的情报。因此，日本防卫省技术研究本部从 1999 年开始研发可应对弹道导弹发射的雷达系统。开发工作于 2005 年结束，2006 年开始以 J/FPS-5 雷达的名字开始服役。

建设一台 J/FPS-5 雷达的费用是 180 亿日元，和其他的雷达相比较费用较高，此外，由于体型巨大所以占地面积很大，由此，仅在日本鹿儿岛县的下甑岛分屯

第四章 日本航空自卫队的武器装备

J/FPS-5 雷达主要任务包括探知航空器、巡航导弹、弹道导弹等。　　　　　　来源：GenJapan1986

基地、新潟县的佐渡分屯基地、青森县的大凑分屯基地以及冲绳县的与座岳分屯基地进行了部署。

J/FPS-5 雷达有许多种类型，部署在大凑分屯基地的是 J/FPS-5B 型，部署在与座岳分屯基地的是 J/FPS-5C 型。

建筑物自身也可以旋转的 3 面雷达

J/FPS-5 雷达设在高 34 米的建筑物的三个侧面上。中央的那一面设置了一个直径 18 米的圆形 LS 波段雷达，这面可以探测到弹道导弹的发射情报。剩下的两个侧面分别是直径 12 米的圆形 L 波段雷达，主要是搜寻飞行器。

建筑物本身也可以转动，可以转向弹道导弹或飞行器威胁较高的方向。

由于 J/FPS-5 雷达高超的探测能力，日本防卫省不仅仅用它来探测搜索弹道导弹和飞行器，还打算用它来进行宇宙垃圾的监控工作。

DATA 基本数据

未公布

95

关于日本航空自卫队的小知识

第 201 飞行队和意大利空军之间深厚的友谊

与日本陆上自卫队和日本海上自卫队不同,没有继承旧日本军队传统思想的日本航空自卫队是被美国同化了的组织,但是在创立初期,日本航空自卫队中的干部很多都是旧日本军队出身的人员。所以,还保留着在战斗机和教练机上使用旧日本海军风格的汉字来标注飞机称号的习惯。

这个称号一般是公开进行征集,F-104 战斗机被赋予"荣光"的称号,T-1 教练机被赋予"初鹰"的称号。但是,既然已经有了 F-104 以及 T-1 这样的名字,能让人联想到旧日本军队的汉字名称并

意大利空军的"台风"战斗机在第 3 飞行队有部署。
来源:意大利空军

日本为纪念与意大利部队缔结为姐妹部队而在 F-15 机身上进行的涂装。 来源:日本航空自卫队

不出名,就连日本航空自卫队的队员们也基本不会使用这些称号。

部署于千岁基地的 F-15 战斗机部队第 201 飞行队和意大利空军第 3 飞行队有着姐妹部队的关系。第 201 飞行队和装备有"台风"战斗机的意大利空军第 3 飞行队有着一个共同点,那就是从冷战时代就开始经常需要紧急起飞战斗机应对苏联(今俄罗斯)战斗机的逼近,所以两队在互相派遣飞行员加深友好的同时也进行情报交换。

来源：日本海上自卫队

第五章

日本海上自卫队的装备

日本自卫队战力大揭秘

能够在海上进行导弹防御
金刚级驱逐舰

"宙斯盾"可以进行精密的计算从而摧毁目标。　　　　　　　　　　　来源：日本海上自卫队

日本海上自卫队第一艘"宙斯盾舰"

20世纪80年代初期，依赖海外资源的日本也在积极探讨海上通道保护方案。这时候有个严重的问题就是日本海上自卫队舰船的防空高度比苏联海军的防空高度要低。当时日本主力防空舰艇是"天津风号"驱逐舰和3艘太刀风级驱逐舰总共4艘舰艇。此外，旗风级驱逐舰也在建造中。

然而，这些驱逐舰相对高月级驱逐舰来说，虽然能力远强于高月级驱逐舰，但是数量太少了。

当时的苏联海军，一旦开战，就计划使用反舰导弹对日、美水面舰队进行饱和攻击。苏军的图-22超音速轰炸机可以同时发射大量的反舰导弹，使日、美舰队的防空能力达到饱和状态。为了应对这种状况，日本海上自卫队开始着手建造搭载"宙斯盾"系统的驱逐舰。

第五章　日本海上自卫队的装备

金刚级驱逐舰3号舰"妙高号"属于第3护卫队群第7护卫队，停靠在舞鹤港。来源：日本海上自卫队

日本海上自卫队的首艘"宙斯盾舰"就是金刚级驱逐舰的首舰。

造价昂贵的水面驱逐舰

金刚级驱逐舰是以美国海军阿利·伯克级驱逐舰为模板研发出来的，是日本海上自卫队第一种"宙斯盾舰"，也是世界第二种"宙斯盾舰"。日本于1988年计划建造，1990年在三菱重工长崎造船厂开始建造，1993年第一艘金刚级驱逐舰交付使用。此后，第二艘"雾岛号"，第三艘"妙高号"，第四艘"鸟海号"，在1998年全部开始服役。

一艘金刚级驱逐舰的造价大概是1200亿日元。是日本自卫队当时最昂贵的军舰。金刚级驱逐舰是日本自卫队首次超出1000亿日元的军舰，对比以往日本自卫队用于防空的旗风级驱逐舰500亿日元的造价，就能明白金刚级驱逐舰是多么昂贵的水面战舰了。

DATA	基本数据
长　　度：	161米
宽　　度：	21米
最大速度：	30节
排 水 量：	7250吨
发 动 机：	4台燃气涡轮发动机
乘　　员：	320人

金刚级驱逐舰2号舰"雾岛号"。在第4护卫队群第8护卫队服役,停靠在横须贺港。
来源:日本海上自卫队

可以同时探测、进攻多个目标

如此昂贵的金刚级驱逐舰搭载有能同时处理多个目标的"宙斯盾"系统,可以发挥出高于其造价的能力。"宙斯盾"系统是世界范围内屈指可数的划时代的防空系统,搭载"宙斯盾"系统的战舰

金刚级驱逐舰4号舰"鸟海号"。在第2护卫队群第6护卫队服役,停靠在佐世保港。
来源:日本海上自卫队

"雾岛号"驱逐舰的舰桥上的AN/SPY-1D雷达和前甲板的Mk41垂直导弹发射系统。

被称作"宙斯盾舰"。所以尽管欧洲也存在搭载类似防空系统的战舰,但是都不能称作"宙斯盾舰"。

金刚级驱逐舰搭载了AN/SPY-1D多功能相控阵雷达,这是宙斯盾防御系统的核心。

这种雷达能同时追踪200多个位于500千米外的目标,并且可以同时对其中12个目标发起攻击。主要的武器装备是射程超过100千米的"标准-2"防空导弹,这种导弹可以利用部署在甲板之下的Mk41垂直导弹发射系统发射。此外,

第五章　日本海上自卫队的装备

金刚级驱逐舰发射防空导弹。
来源：美国海军

"雾岛号"驱逐舰上的"鱼叉"反舰导弹可以靠自身的雷达对敌人进行追踪和攻击。

其他武器装备还包括美国"阿斯洛克"火箭助推鱼雷、"鱼叉"反舰导弹以及一门127毫米口径的舰炮。

4艘现役驱逐舰全部改装成为防御弹道导弹的主力

此外，金刚级驱逐舰还可以防御来自敌方的反舰导弹、巡航导弹、飞机以及弹道导弹。开始金刚级驱逐舰并未拥有应对弹道导弹的能力，但是其本身有不小的改装潜力。所以日本海上自卫队利用"宙斯盾舰"和日本航空自卫队的"爱国者"防空导弹组成了弹道导弹防御系统。这个系统的核心就是拥有高性能"宙斯盾"系统的金刚级驱逐舰。由此，现役的4艘金刚级驱逐舰全部接受了改装，依靠着"标准-3"防空导弹获得了应对弹道导弹的能力。

截止到2011年，日本一共进行了五次弹道导弹拦截试验，除2008年的试验失败以外，其余四次模拟拦截试验全部成功。

金刚级驱逐舰的54倍径127毫米口径全自动舰炮射速高、重量轻、性能优越。
来源：keis

101

强化了隐身性能的第二种"宙斯盾舰"
爱宕级驱逐舰

爱宕级驱逐舰为了增强隐身性能设计的倾斜桅杆是一大特征。　　　　　　来源：日本海上自卫队

搭载了遥遥领先金刚级驱逐舰的最新系统

为了替代落后的太刀风级驱逐舰而建造的爱宕级驱逐舰是继金刚级驱逐舰后日本海上自卫队拥有的第二种"宙斯盾舰"。第一艘"爱宕号"驱逐舰于2004年在三菱重工长崎造船厂开始建造,2007年交付使用,第二艘"足柄号"驱逐舰也于2008年交付使用。每艘的建造价格约为1400亿日元,相较于金刚级驱逐舰来说还多了200亿日元。

然而,爱宕级驱逐舰由于是新建造的,所以在性能以及船体吨位等多方面都要远超金刚级驱逐舰。"宙斯盾"系

第五章 日本海上自卫队的装备

爱宕级驱逐舰全长要比金刚级驱逐舰多 4 米。　　　　　　　　　来源：日本海上自卫队

统的世代划分用基线表示，其数字越大则越新。金刚级驱逐舰当中，第一艘到第三艘搭载的"宙斯盾"系统的基线都是 4，最后一艘金刚级驱逐舰搭载的宙斯盾系统的基线是 5。与之相对应的，爱宕级驱逐舰所搭载的"宙斯盾"系统是最新的，基线为 7。

DATA 基本数据

长　　度：	165 米
宽　　度：	21 米
最大速度：	30 节
排 水 量：	7700 吨
发 动 机：	4 台燃气轮机
乘　　员：	310 人

火控系统是"宙斯盾"系统中在进行对空作战时控制武器装备的系统。　　　　来源：mithuru taga

金刚级驱逐舰的扩大改良版本，配备了直升机机库

爱宕级驱逐舰是金刚级驱逐舰的扩大改良版本，排水量增加了 450 吨，船体长度也增长了 4 米。主要是增加了直升机的机库。由于爱宕级驱逐舰设计了直升机机库，舰桥后部部署的 AN/SPY-1D 多功能雷达的位置比舰桥前部的建筑物高了一层。这样便保证了雷达视野和探测距离。

美国海军的阿利·伯克级导弹驱逐舰的改进型为了像爱宕级驱逐舰一样安装直升机的机库也变更了舰桥后部雷达的安装位置。此外，为了增加舰体的隐身性能，爱宕级驱逐舰连桅杆的形状也进行了变更。

重视隐身性能设计，各类武器装备也进行了换装

爱宕级驱逐舰在武器装备方面，相较于金刚级驱逐舰更新了不少。防空导弹更新为"标准-2"block3B 型，命中率有所提高。此外，垂直导弹发射系统可发射的导弹也由 90 枚增至 96 枚，在前甲板部署了 64 枚，机库上方部署了 32 枚，隐身设计比金刚级驱逐舰有所

第五章 日本海上自卫队的装备

由 127 毫米口径舰炮改造而来的 MK-45 MOD 4 舰炮可以利用 GPS 发射增程制导弹药。　　来源：mujip

加强。

爱宕级驱逐舰重视隐身性能的舰体设计也影响了武器装备的布局。反舰导弹由原先美国生产的"鱼叉"反舰导弹更换为日本制造的 90 式（SSM-1B）舰舰导弹。此外，127 毫米口径的全自动舰炮也更换成了 MK-45 MOD 4 舰炮。此外，爱宕级驱逐舰也装备了 2 门对付敌机和反舰导弹的 20 毫米口径近防武器系统，2 座三连装的反潜鱼雷发射管。

防空、反潜、水面作战都能兼顾
村雨级驱逐舰

村雨级驱逐舰为了装备新式武器扩大了舰体,全面更新了雷达、声呐、计算机、导弹等装备。

来源:日本海上自卫队

具备隐身性能的驱逐舰群中的"多面手"

日本海上自卫队的驱逐舰群由8艘驱逐舰和8架舰载直升机组成⊖,用外国海军的术语来说这是比舰队更小一级的海上战术单位。在这个驱逐舰队中担任"多面手"的通用驱逐舰就是村雨级驱逐舰。截止到2002年,共有9艘村雨级驱逐舰服役,村雨级驱逐舰在设计时首次考虑到了通用驱逐舰的隐身性能,还首次采用了垂直导弹发射系统。此外,舰体后部甲板的侧舷采用了倾斜的设计。第一艘村雨级驱逐舰诞生之际,这块倾斜部分被称为"荷兰坡"⊜,但由于村雨级驱逐舰的倾斜部分比较短,所以在之后就被称为"迷你荷兰坡"。

⊖ 此驱逐舰群被称为"八八舰队",日本历史上有多个以"八八舰队"为名的计划。
⊜ 荷兰坡是日本长崎市东山手町的一条斜坡道。——编者注。

第五章 日本海上自卫队的装备

舰桥前方的 76 毫米口径舰炮、Mk41 垂直发射系统、20 毫米口径高性能机炮。

武器装备方面，村雨级驱逐舰除了装备"海麻雀"防空导弹之外，还有反潜火箭、90 式舰舰导弹，具备防空、反潜、水面作战的能力。

采用两家公司生产的燃气轮机

村雨级驱逐舰共装载了四台燃气轮机。这其中负责巡航的是两台英国罗尔斯·罗伊斯公司授权日本生产的 SM-1C 发动机，负责高速航行的是两台美国通用公司授权日本生产的 LM-2500 发动机。像这样 1 艘舰艇同时采用 2 种不同公司发动机的例子在世界上也很少见。

顺便说一句，从秋月级驱逐舰之后，日本驱逐舰的轮机就统一采用 4 台罗尔斯·罗伊斯公司的 SM-1C 轮机了。

62 倍径 76 毫米口径舰炮部署在舰体前部。
来源：negi terao

DATA 基本数据

长　　　度：	151 米
宽　　　度：	17.4 米
最大速度：	30 节
排水量：	4500 吨
发动机：	2 台 LM-2500 燃气涡轮发动机 2 台 SM-1C 燃气涡轮发动机
乘　　　员：	165 人

装备了进行目标信息收发的数据链系统
高波级驱逐舰

高波级驱逐舰为了提升水面作战能力,排水量增加了100多吨。　　　　来源:日本海上自卫队

改良设计增强火力

高波级驱逐舰是村雨级驱逐舰设计的改良版,也被称作"村雨级改"驱逐舰。2003年第一艘"高波号"交付使用,截止到2006年共建造了5艘。与村雨级驱逐舰不同的是,高波级驱逐舰用127毫米口径舰炮替代了之前的76毫米口径舰炮,水面作战能力获得了提升。由此,高波级驱逐舰的排水量也增加了100多吨达到了4650吨。此外,90式舰舰导弹

高波级驱逐舰装备的OPS-24B雷达。
来源:yasu_osugi

第五章　日本海上自卫队的装备

高波级驱逐舰可以搭载一架 SH-60K 预警直升机。　　　　　　　　　　　来源：Satoshi Hashimoto

的部署位置也发生了改变。除此之外，外观上来看与村雨级驱逐舰相比基本没有变化。

另一方面，高波级驱逐舰舰上居住区的舰员宿舍也变大了，根据村雨级驱逐舰的使用情况对舰体的构造也做了一些改变。另外，第五艘高波级驱逐舰"凉波号"从建造初期就装备了可以接收目标情报信息的"链接16"数据链系统。

差点成为迷你"宙斯盾"驱逐舰

高波级驱逐舰搭载的防空、反潜、水面作战的武器装备都很均衡，还搭载了一架直升机。不止如此，舰载直升机的运用能力相对于村雨级驱逐舰有了很大的进步。虽然高波级驱逐舰的标准配置只包括了一架直升机，但是可以根据具体情况搭载两架直升机。由于其他国家战舰的高性能化趋势，日本只建造了五艘高波级驱逐舰，就开始建造拥有和"宙斯盾舰"防空能力相媲美的秋月级驱逐舰。

高波级驱逐舰当初计划装备 FCS-3 多功能雷达，成为迷你版"宙斯盾"驱逐舰。但是由于 FCS-3 多功能雷达的开发延期，最终没能实现。

DATA 基本数据

长　　度：	151 米
宽　　度：	17.4 米
最大速度：	30 节
排 水 量：	4650 吨
发 动 机：	2 台 LM-2500 燃气涡轮机 2 台 SM-1C 燃气涡轮机
乘　　员：	175 人

战后首次采用航母型船体的运输舰
大隅级运输舰

大隅级运输舰甲板的前半部分是车辆及货物的装载空间,后半部分为飞行甲板。

来源:日本 海上自卫队

舰体设计有航母的风格

日本海上自卫队将大隅级运输舰与登陆舰(LST)区别开来,将大隅级定义为运输舰。日本在1993年计划生产的第一艘大隅级运输舰于1998年开始服役,截止到2003年3艘大隅级运输舰均已服役。和驱逐舰不一样,大隅级运输舰的武器装备仅有两座20毫米口径的密集阵近防系统,只能满足舰艇最基本的自卫功能。大隅级运输舰拥有一个舰尾坞舱,可以装载两艘LCAC气垫登陆艇,当舰尾的坞舱打开,可以使车辆和人员由此登陆。正因如此,大隅级运输舰在其他国家被归入了登陆舰的类别。

大隅级运输舰最大的特点是日本战后首次采用航母型船体,将舰桥、烟囱等上层建筑物集中起来,形成向右舷靠近的风格。这种布局虽然和航母很像,但并不是航母。因为该舰甲板的前半部分是装载车辆和货物用的,供飞机起降使用的只是甲板的后半部分而已。

在今后进行扩大改装后或许可以搭载"鱼鹰"倾转旋翼机

大隅级运输舰无法让固定翼飞机起降,因为没有弹射装置和降落拦阻索。

第五章 日本海上自卫队的装备

LCAC 气垫登陆艇正从大隅级运输舰舰体尾部入海。

来源：日本海上自卫队

此外，舰体内部虽然有车辆甲板，但是并没有直升机机库。第二艘大隅级运输舰在 2005 年印尼地震时曾运输过国际紧急救援队的日本自卫队队员，但是并没有机库可以停放日本陆上自卫队的 CH-47 直升机。

在 2013 年日本发布的《防卫计划大纲》中，提出了把大隅级运输舰进行改装，让其成为多功能舰的计划。这种多功能舰，类似美国海军的两栖登陆舰。日本陆上自卫队引进了"鱼鹰"倾转旋翼机，日本自卫队计划对大隅级运输舰进行改装，使其可以搭载"鱼鹰"倾转旋翼机。

印尼大地震时"下北号"大隅级运输舰协助向灾区运送日本陆上自卫队队员。

来源：日本海上自卫队

DATA 基本数据

长　　度：	178 米
宽　　度：	25.8 米
最大速度：	22 节
排 水 量：	8900 吨
发 动 机：	2 台柴油发动机
乘　　员：	135 人
运 输 力：	LCAC 气垫登陆艇 2 艘 坦克 10 辆

111

加强了侦察能力，可快速捕捉到敌方舰艇
亲潮级潜艇

亲潮级潜艇由于装备了新开发的水中吸声材料、侧面的阵列声呐，使艇体设计发生了改变。
来源：日本海上自卫队

首次采用雪茄形艇体

作为春潮级潜艇的扩大改良版本，从1994年第一艘下水，到2004年日本总共已建造11艘亲潮级潜艇。日本海上自卫队从1967年的涡潮级潜艇开始首次尝试了将水滴形艇体设计用在潜艇上。然而，亲潮级潜艇并没有沿袭夕潮级潜艇以及前身春潮级潜艇的水滴形艇体，而是采用了雪茄形艇体设计。这是为了同时提升潜艇的水中搜索能力和静音性能。采用雪茄形的艇体设计方便安装新采用的侧面阵列声呐以及水中吸声材料。

亲潮级潜艇的艇体采用了NS80高强度钢，虽然相比春潮级潜艇在材料上并

声呐设计的改变让亲潮级潜艇的搜索能力得到加强。
来源：Me262A1

第五章 日本海上自卫队的装备

苍龙级潜艇（左）和亲潮级（右）潜艇。　　　　　　　　　　　来源：Me262A1

没有什么变化，但是采用 NS80 高强度钢的面积增加了，所以艇体强度也获得了提升。此外，艇体构造融合单壳与部分双壳设计，以单壳结构为主体。

增强了侦察能力，虽不是最新型号但是性能依旧出众

武器装备方面，亲潮级潜艇拥有 6 具水下鱼雷发射管，与上一级没有什么变化。除了可以发射鱼雷以外还可以发射"鱼叉"反舰导弹，这与春潮级潜艇也是一样的。但是，由于亲潮级潜艇的侧面阵列声呐位于艇体的中间位置，所以水下鱼雷发射管移到了艇体前端。此外，艇体内部前端还装备有圆柱形的阵列声呐，以及位于艇体两侧的侧面阵列声呐和位于艇体尾部的一套拖曳阵列声呐。由于有这些声呐，亲潮级潜艇的侦察能力大大提高。

虽然亲潮级潜艇并没有装备后来苍龙级潜艇所搭载的不依赖空气推进（AIP）装置，潜航时间略短，但其他方面性能都是一流的。随着服役年数的增长再进行各项改装的话，亲潮级潜艇依旧是一流潜艇。

DATA　基本数据

长　　度：	82 米
宽　　度：	8.9 米
最大速度：	20 节
排水量：	2750 吨
发动机：	2 台柴油机
武　　装：	533 毫米口径水下鱼雷发射管 6 具（可以发射"鱼叉"反舰导弹）
乘　　员：	70 人

113

配备补给装备以及布雷装备
浦贺级扫雷母舰

浦贺级扫雷母舰1号舰"浦贺号"于2011年代表日本首次参加多国海上扫雷训练。

来源：日本海上自卫队

同时拥有布雷装备和补给装备

浦贺级扫雷母舰是日本为了同时取代"宗谷号"布雷舰以及"早濑号"扫雷指挥舰而生产的，兼具两者的能力。1994年度计划生产的"浦贺号"扫雷母舰于1997年下水，1995年计划生产的"丰后号"扫雷母舰于1998年竣工。

浦贺级被归类为扫雷母舰，但是除了可以补给支援扫雷舰艇之外，还具备布雷以及指挥扫雷舰队的能力。由此，浦贺级扫雷母舰上同时拥有补给装备和布雷装备。该级舰大概可以携带300多颗水雷，这个数字相对于其他国家海军

水雷的触角（红色部分）。

来源：Masahiro Kurata

第五章 日本海上自卫队的装备

浦贺级扫雷母舰2号舰"丰后号"曾参加2012年环太平洋军事演习。　　　　　来源：日本海上自卫队

的布雷舰也毫不逊色。此外，该舰还有为潜水员建造的减压室、手术室。其舰体的设计加入了倾斜元素以增加隐身性。

"丰后号"扫雷母舰曾出演过电影

武器装备方面，虽然"丰后号"扫雷母舰拥有一门自卫用的76毫米口径舰炮，但是"浦贺号"扫雷母舰当年由于预算原因舰炮暂缓装备。然而对于日本海上自卫队而言，很多所谓的暂缓装备往往到军舰退役时都没有装备上。但是，近年来，在改装中将暂缓装备变为实际装备的例子也不少。由此，浦贺级扫雷母舰和之前的舰型相比较来说性能上有了显著的提高。

浦贺级扫雷母舰舰体的后部有用来装MH-53扫雷直升机的机库，以及供直升机起降的甲板。此外，第二艘浦贺级扫雷母舰"丰后号"还参与了电影《男人们的大和》的拍摄。

DATA 基本数据

长　　度：	141米
宽　　度：	22米
最大速度：	22节
排水量：	5600吨
发动机：	2台柴油发动机
乘　　员：	160人

115

守护一方海域的安全
江之岛级扫雷舰

江之岛级扫雷舰的舰体材料采用玻璃钢,日本海上自卫队的扫雷舰首次成为日本最大的玻璃钢船。
来源:日本海上自卫队

日本海上自卫队最初的玻璃钢扫雷舰

第二次世界大战中,美国在日本近海海域布下了无数水雷,导致了日本很多军舰和商船沉没。日本在战后一直在处理当时的水雷,丰富的经验使得日本海上扫雷能力有了很大的提升。日本的海上扫雷能力被认为是世界顶尖水准很大程度上是因为日本建造的江之岛级扫雷舰㊀。

江之岛级扫雷舰应对水雷的 20 毫米口径多管机炮。
来源:Masahiro Kurata

㊀ 按照海军习惯,500 吨以上吨位称为舰,故本书把该船称为扫雷舰。——编者注

第五章　日本海上自卫队的装备

图中黄色的是日本制造最新型扫雷设备 S-10 型猎雷具。　　　　　　　　　　　　　　来源：Ca2 witter

江之岛级扫雷舰 1 号舰"江之岛号"于 2012 年下水服役。江之岛级扫雷舰和之前的扫雷舰不同的是它用玻璃钢代替了木材作为舰体的材料。由于采用这种材料，舰艇的使用年限从 20 年增长到了 30 年。此外，也减少了舰体在水中的噪音。

装备最新型猎雷具

江之岛级扫雷舰除了拥有扫雷时需要的水雷探测声呐之外，还有专门应对主动水雷的 S-10 型猎雷具。这是日本产的最新型的扫雷装备，可以应对无人操控主动移动的水雷。S-10 型猎雷具的登场也让之前落后于世界的日本扫雷器材达到世界一流水平。武器装备方面，江之岛级扫雷舰搭载了一门从加特林机关炮衍生出的 20 毫米口径多管机炮，而这门机炮的用途与其说是自卫，不如说是为了对付水雷。然而，由于预算不足，20 毫米口径从未增大过。

今后，玻璃钢制的扫雷舰也将逐步取代日本木制的扫雷舰。

DATA　基本数据

长　　度	63 米
宽　　度	9.8 米
最大速度	14 节
排水量	570 吨
发动机	2 台柴油机
乘　　员	48 人

可应对来自外国的间谍船
隼级导弹艇

隼级导弹艇排水量达到200吨。　　　　　　　　来源：Me262A1

有效对付间谍船

20世纪90年代，日本海上自卫队一号型导弹艇下水了。但是，一号型导弹艇的排水量仅为50吨，无法适应日本附近海域的恶劣海况。为此，一号型导弹艇仅仅建造了3艘，只服役了短短7年时间便匆匆退役。而它的后继艇就是隼级导弹艇。从1999年到2002年间，日本共建造了2艘隼级导弹艇，截止到2004年，6艘隼级导弹艇均已下水。

隼级导弹艇的主要任务是对敌舰发动导弹攻击，还可以应对来自外国的间谍船。隼级导弹艇的艇体多采用倾斜直线设计，增加了隐身性能，很难被敌方雷达发现。隼级导弹艇的最大速度最初

日本海上自卫队首门装备了隐形盾的76毫米口径舰炮。射速每分钟100发。　　来源：007 Tanuki

第五章 日本海上自卫队的装备

90式舰舰导弹发射筒。发射后导弹依靠助推器进行初期加速，进行掠海飞行。　　　来源：007 Tanuki

设计是40节，后又增加到45节。为此，也放弃了一开始打算采用的双体船设计，采用了传统的单体型设计。这样就可以在暴风雨时也快速前行了。

拥有众多武器和反间谍船装备

隼级导弹艇装备有两座90式舰舰导弹发射筒。此外，针对敌方间谍船，还装备了12.7毫米口径的机枪和红外线测试装备，除了防御导弹用的诱饵弹之外，舰艇上层的建筑有一部分也是覆盖了防弹板的。

隼级导弹艇的数据链系统功能很强大，搭载了OYQ-8B型战术情报处理装备等设备。由此，可以和其他舰艇以及P-3C反潜机进行实时信息交换，接收到友军的情报后也可以直接对目标展开进攻。隼级导弹艇一共建造了6艘，在日本大凑地方队的余市警备队、舞鹤地方队的舞鹤警备队及佐世保地方队的佐世保警备队各配备了2艘，由此，日本海上自卫队也组成了三支导弹艇队。

DATA 基本数据

长　　度：	50.1米
宽　　度：	8.4米
最大速度：	45节
排水量：	200吨
发动机：	3台燃气轮机
乘　　员：	21人

119

日本自卫队战力大揭秘

可搭载人员和坦克的运输工具
LCAC 气垫登陆艇

LCAC 气垫登陆艇最大的特征是可以实现浅滩登陆,这是之前的登陆艇无法做到的。

来源:日本海上自卫队

登陆作战中不可或缺的气垫登陆艇

LCAC 气垫登陆艇是现代登陆作战中不可或缺的军用气垫艇。LCAC 气垫登陆艇由美国德克斯特龙船用系统公司和阿冯达尔公司研发建造,1993 年日本首次购入,截止到 2000 年已有 6 艘 LCAC 气垫登陆艇在日本服役。其最大时速可达到 40 海里(1 海里 =1.852 公里),相较于十几海里时速的普通登陆艇来说有较大优势。单就速度来说和喷水推进的导弹艇并无太大差异。

当然 LCAC 气垫登陆艇最大的特点

LCAC 气垫登陆艇内部标准乘员为 5 人。

来源:Suzumiya Haruka

第五章 日本海上自卫队的装备

登陆训练后从 LCAC 气垫登陆艇上下来的日本陆上自卫队队员。

并不是速度快，而是它可在世界上所有海岸线中的 73% 沿岸地区和浅滩实施快速登陆。相比之下，用传统的登陆艇只可在 17% 的海岸地区进行登陆作战。在 LCAC 气垫登陆艇的中央部分搭建有战车甲板，可以搭载 73 型大型卡车或一辆 90 式坦克。此外，LCAC 气垫登陆艇也可以搭载集装箱式的载人运输模块，用于运输日本自卫队队员。

可搭载于多功能舰上

LCAC 气垫登陆艇原本是以搭载于美国海军两栖登陆舰和船坞登陆舰为前提建造的，美国建造了 91 艘，其中 74 艘都搭载在各种登陆舰上。日本的大隅级运输舰可搭载 2 艘 LCAC 气垫登陆艇，而美军的黄蜂级两栖登陆舰可搭载 3 艘，英军的海神之子级登陆舰可搭载 4 艘。

2013 年日本编成的《防卫计划大纲》中提到了要将大隅级运输舰改造成为多功能舰。美国也在开发一款 SSC 气垫登陆艇作为 LCAC 的后继舰艇。日本海上自卫队也拟引入 SSC 气垫登陆艇并将其搭载于改装后的大隅级运输舰上。

DATA 基本数据

长　　度：	24 米
宽　　度：	13 米
最大速度：	40 节
排 水 量：	85 吨
装 载 量：	60 吨
发 动 机：	4 台燃气轮机
乘　　员：	5 人

配合自动驾驶保证水上安全着陆
US-2 水上飞机

US-2 水上飞机与 US-1A 水上飞机相比较外观上没有太多变化,采用 T 字形尾翼,在垂直尾翼之上搭配了水平尾翼。
来源：日本海上自卫队

螺旋桨叶片数倍增的现代版二式大型飞行艇

战后曾研发出 US-1 等水上飞机的新明和工业株式会社的前身正是研发二式大型飞行艇的川西飞机制作所。而目前新明和工业株式会社旗下最新型的水上飞机就是 US-2 了。US-2 水上飞机并不是完全重新研发的,而是基于 US-1 水上飞机改装而成。

相较于 US-1 水上飞机,US-2 水上飞机主要改装部分首先就是采用线控飞行操作系统了。结合自动驾驶仪系统,US-2 水上飞机可以不依靠飞行员的直觉,安全起降。另一个改进就是飞机发动机以及螺旋桨叶片的更换了。发动机选用了罗尔斯·罗伊斯公司研发的 AE2100J 型发动机,输出功率大幅增加,螺旋桨叶片也由原来的 3 片增加到 6 片,这些变化使 US-2 水上飞机的起降距离缩短,同时提升了最高速度。

军民两用

此外,US-2 水上飞机采用了玻璃驾

第五章　日本海上自卫队的装备

US-2 水上飞机在水中可以用轮胎通过斜坡直接驶入基地。　　　　　来源：Satoshi Hashimoto

驶舱，数字仪表盘，并且一部分机体采用了复合材料，使得机体重量变轻。它还加装了增压式座舱，成为世界上第一种装有增压式座舱的大型水上飞机。增压式座舱的运用不仅可防止运输伤员过程中患者情况恶化，也可使得 US-2 水上飞机的巡航高度得到提升。US-2 水上飞机的内部也做了改进，它可以在浪高 3 米的情况下完成水上起降。US-2 水上飞机的缺点是它的价格，每架 US-2 水上飞机的价格约为 100 亿日元。

　　US-2 水上飞机虽说是军用飞机，但是并没有配备武器装备，可以作为民用飞机出口，并不违背《武器出口三原则》。

US-2 水上飞机螺旋桨共有 6 片桨叶，可以缩短水上起降的距离并提高飞行速度。
来源：Satoshi Hashimoto

DATA 基本数据

长　　度：	35 米
宽　　度：	33.2 米
最大速度：	315 节
发 动 机：	4 台螺旋桨涡轮发动机
乘　　员：	11 人

可以利用反舰导弹对舰艇进行攻击
P-3C 反潜机

日本海上自卫队共有 101 架 P-3C 反潜机。其数量是美军的一半,但是比其他国家都要多。
来源:日本海上自卫队

川崎重工被授权生产 101 架 P-3C 反潜机

作为 P-2J 反潜机的后续机型,P-3C 反潜机于 1978 年开始在日本服役。最初日本是有将其国产化的打算,但是最终还是依靠进口技术。截止到 1997 年,川崎重工获得授权生产了 101 架 P-3C 反潜机,但是这个数量也只有美国海军 P-3C 反潜机数量的一半。但是,从各国拥有的 P-3C 的数量来看,日本海上自卫队的 P-3C 反潜机数量可以说是相当可观了。不仅如此,日本被授权生产的 P-3C 反潜机中还有相较于 P-3C 初期型号更先进的机型。

对一部分 P-3C 反潜机进行了改造升级以适应多样化的任务

P-3C 反潜机尾部携带有磁异探测仪、声学仪器以及雷达等装备,可以搜索潜艇并用反潜导弹及鱼雷对其进行攻击,

第五章 日本海上自卫队的装备

P-3C 反潜机的升级型 P-3C Ⅱ .5　　　　　　　　　　　　　　来源：nattou

同时也可以利用反舰导弹对水面舰艇进行打击。但是冷战结束后，日本海上自卫队拥有的 P-3C 反潜机数量削减到了 80 架，其中有 5 架被改造成了图像信息采集机 OP-3C。

此外，从 1991 年到 1998 年，日本又以 P-3C 反潜机为原型改造了 5 架电子战飞机 EP-3、1 架装备试验机 UP-3C，1998 年到 2000 年，改造了 3 架电子战训练机 UP-3D。

P-3C 反潜机的升级型 P-3C Ⅲ　　来源：Hyakushiki

DATA 基本数据

长　　度	35 米
宽　　度	30.4 米
最大速度	607 千米每小时
发 动 机	4 台阿里森公司 T-56-A-14 涡轮螺旋桨发动机
乘　　员	11 人

日本自卫队战力大揭秘

执行搜索及救援任务
SH-60 舰载直升机

SH-60J 舰载直升机拥有战术情报处理系统,可以对敌方潜艇情报进行迅速处理。

来源:日本海上自卫队

可执行运输及搜索对方潜艇的任务

SH-60 舰载直升机作为日本海上自卫队的主力机种 HSS-2B 直升机的后续机型,从 1991 年开始交付使用。它除了可执行反潜任务之外,还可以搭载在舰艇上执行搜索任务。此外,必要时刻可以执行人员、物资的垂直运输任务以及对溺水者的搜救任务。SH-60J 舰载直升机是以美军 SH-60B 舰载直升机为原型由三菱重工获授权生产的飞机,截止到 2005 年共生产了 103 架。

SH-60J 舰载直升机搭载有 HQS-103 主/被动吊放声呐、海面搜索雷达。此外,SH-60J 舰载直升机装备有 HCDS 战术情报处理系统,可以对探测到的敌方潜艇情报进行快速处理。同时通过数据链系统可以和友军进行情报互换。

可以装备反舰导弹

由于 SH-60J 舰载直升机日益老化,日本研发了 SH-60K 型号。

第五章　日本海上自卫队的装备

2005年日本装备的SH-60K舰载直升机，与SH-60J舰载直升机相比机身前部比较尖。

来源：日本海上自卫队

SH-60K舰载直升机于1997年开始研发，于2005年正式服役。其外观上的变化包括增大了舱体、改变了旋翼形状等，改进了包括机身轻量化、高强度化等方面。此外，飞机发动机也由T700-GE-401C变更为T700-IHI-401C2，动力更加强劲。该机还可搭载97式鱼雷及"地狱火"导弹，火力也得到提升。

SH-60K舰载直升机装备的"地狱火"导弹。

来源：Satoshi Hashimoto

DATA 基本数据

长　　度：	19.8米
宽　　度：	最大宽度16.4米
最大速度：	270千米每小时
发 动 机：	2台T700-GE-401C涡轴发动机

聚焦

在日本海上自卫队服役的女性队员

舰长及飞行员中也不乏女性的身影

旧日本海军中曾流传着"女性不能踏足军舰"等颇具歧视色彩的言语,但是现在的日本海上自卫队中已有不少女性队员的身影,除扫雷舰和潜艇以外的各个领域都可以让女性队员执行相关任务,训练舰的舰长、P-3C反潜机的飞行员中都有女性的身影。

原来的驱逐舰由于居住空间所限,无法编入女性队员,但是后来日本在进行宙斯盾级驱逐舰改造工程时,也规划了女性队员区域。日本海上自卫队也在积极地进行改革,让更多的女性队员登上舰艇。

虽然积极招募女性队员,日本海上自卫队也传承了旧日本海军的传统,如干部候补人员的培训基地就在旧日本海军学院所在地,广岛县的江田岛。

驱逐舰的命名上也沿袭了不少旧日本海军的舰艇名称,也有将旧日本海军航空母舰的名字命名潜艇的例子,如"苍龙号"潜艇。

除了个别岗位,日本海上自卫队其他岗位都有女性队员的身影。　　　　来源:日本海上自卫队

来源：日本陆上自卫队

第六章

日本陆上自卫队的装备

日本自卫队战力大揭秘

日本北方陆地的主力
90式坦克

90式坦克由于采用了自动装弹机,射击速度得到提升。　　　　　　　来源:hideki oba

采用了日本制造的复合装甲

90式坦克是日本陆上自卫队的第三代坦克。由于经常上电视所以知名度较高,它是目前日本陆上自卫队的主力坦克之一。

90式坦克的研发工作于1975年由日本防卫省技术研究本部主持开发,于1982年至1984年间制作了2辆试验坦克。后于1986年至1988年间又制作了4辆试验坦克,由富士教导团完成各种测试。1989年全部试验通过,最终于1990年8月6日交付使用。

90式坦克乘员由驾驶员、炮手、车长3人组成。车体和炮塔采用全焊接工艺,其正面由日本制造的复合装甲构成。在抗击打试验中可以承受120毫米炮弹的攻击。

第一辆搭载水冷式发动机的日本坦克

90式坦克采用了自动变速箱,共有4个前进档和2个倒档,并具备原地回转能力。

第六章 日本陆上自卫队的装备

自动装弹机也增加了坦克兵在维修和搬运弹药等方面的工作负担。　　　　　　来源：hideki oba

其发动机采用了一台三菱10ZG32型10汽缸二冲程涡轮增压柴油发动机，最大功率1500马力。90式坦克也是二战后第一辆搭载水冷式发动机的日本制造的坦克。

该坦克有6对负重轮，其中第1、2、5、6对轮采用液压悬架支撑，第3、4对轮采用扭力杆，车身前后可各倾斜5度。

行进过程中也可进行射击

90式坦克的炮塔和德国豹2坦克一样采用垂直装甲，舱内右边为车长座，

DATA　基本数据

长　　度：	9.8米
宽　　度：	3.4米
高　　度：	2.3米
重　　量：	50吨
最大速度：	70千米每小时
乘　　员：	3人
武　　装：	120毫米口径滑膛炮 7.62毫米口径机枪 12.7毫米口径重机枪

日本自卫队战力大揭秘

120毫米口径主炮的炮弹在发射后无须退弹壳，剩余的弹壳底部会自行燃烧。　　来源：yasu_osugi

左边为炮手座。主炮采用了莱茵金属120毫米口径滑膛炮，配备自动装弹机。机枪方面，配备了一挺74式7.62毫米口径的同轴机枪。坦克自动装弹机中可储存16发炮弹，加上装填装置中的一发共有17发炮弹，可在4秒内完成装填与发射，此外，在特殊情况下也可由乘员手动进行装弹。

由于配备了炮手瞄准仪、红外线成像系统、自动装弹机以及各种传感器等装备，可以使90式坦克在行进中完成射击。炮手瞄准仪在车体上下、左右摆动的时候仍可以完成对目标的持续锁定。

火控系统能自动由传感器输入的各项信息如横风、炮耳倾斜、发射弹种等，计算出火炮瞄准线、前置角等射击参数，并控制瞄准仪的瞄准线自动锁定。通过使用这些日本制造的高科技装置，即使

JM33穿甲弹（前）和JM12A1反坦克榴弹（后）。
来源：natou

第六章 日本陆上自卫队的装备

目标及自身在移动过程中，在坦克车身前倾、车身后倾状态下，90 式坦克也可在行进中连续高精度射击。

在北海道部队中集中部署

90 式坦克中有一小部分配备了推土机装置，也有一部分在车体前部加装了 92 式滚轮除雷犁。

因为日本在研发 90 式坦克时主要考虑的是在北海道与登陆的苏联军队展开战斗，所以优先在北海道部队中进行了部署。所以在本州岛以南的部队中仅仅装备了静冈县富士学校、第一机甲教导队以及茨城县武器学校。

车体前部设计有可安装 92 式扫雷套件的 6 个安装座。
来源：2gatep

在北海道的第二师团、第七师团、第五师团、第十一师团当中都配备了大量 90 式坦克。从 1990 年到 2009 年，日本共装备 341 辆 90 式坦克。

90 式坦克驶出津轻海峡渡船，从北海道苫小牧港运到大分县的大分港。　　　来源：日本陆上自卫队

133

日本陆上自卫队最古老的坦克
74 式坦克

74 式坦克即便车身倾斜炮管依旧可以保持水平。其椭圆形的炮塔是为了减少被击中的概率。

通过液压悬架装置可以改变车身的姿势

日本陆上自卫队现役的 3 种坦克里服役时间最长的坦克是 74 式坦克。开发计划从 1962 年就开始了，在 1974 年 9 月被制式采用了。

74 式坦克的乘员由驾驶员、装弹手、炮手、车长 4 人组成。由于采用液压悬架装置，车体的姿态前后左右都可以进行变换，该坦克每侧履带并没有托带轮，由 5 个大负重轮组成，由于采用了液压悬架装置，车高可进行上下各 20 厘米、前后各 6 度、左右各 9 度的调整。

通过利用姿态控制装置，74 式坦克主炮固有的俯仰角从 -6 至 9 度实际增大至 -12 度至 15 度。此外，由于优化了俯角范围，炮塔高度可以降低，再加上装备了同心式驻退机，可以将炮塔形状设计得相对低矮，使其具有优秀的避弹能力。

74 式坦克的改进型没有量产

该坦克装有 1 门 105 毫米口径线膛

炮塔侧面设计有 74 式 60 毫米烟幕弹发射器。
来源：Crescent moon

第六章 日本陆上自卫队的装备

74式坦克舱内配置为左前方驾驶员、炮塔右前方炮手、右后方车长、炮塔左侧装填手。

来源：日本陆上自卫队

炮，可以说它是西方第二代坦克的标准配置。日本在引进一部分维克斯公司生产的L7A3式105毫米口径坦克炮后开始由日本制钢所被授权生产。

火控系统实现了传感测距仪与弹道控制计算机的联动，相较于61式坦克在命中率方面实现大幅度提升。

发动机方面，采用了与75式榴弹炮和73式装甲车相同的三菱重工10ZF22WT型柴油机。该坦克采用MT75A传动装置（有6个前进档和1个倒档）。

74式坦克在1974年至1989年间共生产了873辆，冷战结束后因为日本要削减坦克数量以及90式坦克陆续装备部队，74式坦克于1999年开始逐渐退役。1993年，74式坦克的改进型装备了激光夜视仪和激光测距仪，74式坦克G型也生产了4辆，由于预算原因就没有再继续生产了，这4辆现部署于第一机甲教导队。

DATA	基本数据
长　　度	9.41米
宽　　度	3.18米
高　　度	2.25米
最大速度	53千米每小时
发动机	10ZF22WT型风冷二冲程10V90°直接喷射涡轮增压中冷柴油机
乘　　员	4人
武　　装	105毫米口径线膛炮 7.62毫米口径机枪 12.7毫米口径重机枪

135

日本陆上自卫队主力装甲车
96 式轮式装甲车

96 式轮式装甲车根据武器装备的差异可分为 A 型和 B 型。图中 B 型车辆装备了 12.7 毫米口径 M2 重机枪。
来源：lasta29

异常迅速的研发过程

96 式轮式装甲车在日本自卫队内部被称为 WAPC。

由小松制作所于 1992 年开始开发，截止到 1994 年制做出 4 辆试验车。紧接着在 1995 年开始了技术试验和实用试验，1996 年完成制式化开发。4 年的开发时长在日本制造的战车开发历史上算是异常短了。

采用四轴八轮设计，最多可搭载十名乘员

该车车体采用轧压钢板焊接，只能在陆地行驶。采用四轴八轮设计，驱动

第六章 日本陆上自卫队的装备

96 式轮式装甲车 A 型装备 40 毫米口径自动榴弹发射器。A 型和 B 型的生产数量比为 10:1。

来源：SioRAaMEN

分为后四轮驱动与八轮驱动两种。

乘员除去驾驶员与车长外还可乘坐八名士兵。

该车前方左侧部分是发动机，前方右侧为驾驶席，驾驶席的后侧为车长席。此外，车长席后方为士兵舱，可乘坐 8 人。士兵通过后舱门上下车，后舱门采用油压式开关。

后舱门左侧还有内嵌式小门、可以手动开启。在后部士兵舱的左右车体各设有一扇观察窗，内嵌有防弹玻璃，可保证观察外部的视野，此外，在士兵舱顶部还设有 4 个向上开启的舱口。

另外，虽然室内有暖气，但是没有空调，因此被派往伊拉克的 96 式轮式装甲车后来增设了空调。

DATA 基本数据

重　　　量：	14.5 吨
长　　　度：	6.84 米
宽　　　度：	2.48 米
高　　　度：	1.85 米
最大速度：	100 千米每小时
发　动　机：	液冷直列 6 汽缸发动机
乘　　　员：	10 人
武　　　装：	96 式 40 毫米口径自动榴弹发射器 12.7 毫米口径重机枪

日本自卫队战力大揭秘

该车后部士兵席顶部还安装了向上打开的舱门,车体两侧还分别设计有两个防弹玻璃观察窗。

冬季可换装防滑轮胎

该车发动机采用了三菱液冷直列6汽缸涡轮柴油发动机,发动机和传动装置是一体化设计,有4个前进挡1个后退挡。

该车轮胎采用中部支撑式轮胎,被子弹击中后仍可继续行驶。此外,在日本北部和沿海部队服役的96式装甲车可换装防滑轮胎。

该车利用前部的1、2两轴进行转向,另外,配置了由计算机控制的中央气压装置(CTIS),根据路面的状况能够改变轮胎气压。

96式轮式装甲车在车长席的上部设置了武器操纵台,这里装备有96式40毫米口径榴弹发射器或者12.7毫米口径重机枪。无论是榴弹发射器还是M2机枪

该车车体后部设计有油压舱门,可以从车内外进行操作。在发动机熄火时士兵还可以手动打开舱门。

第六章 日本陆上自卫队的装备

日本中央快速反应部队的96式Ⅱ型轮式装甲车，车体外围增加了装甲。

都可以360度旋转，榴弹发射器可在-10度至15度进行高度调节，M2机枪可在-10度至60度进行高度调节。机枪可以从枪架上取下使用，同时也搭载了三脚架。

另外，该车在公路移动时，有时会在操纵席上安装玻璃制的外装风挡。这是为了减轻驾驶员长时间驾驶导致的疲劳，并且可以确保驾驶员视野，不过，该外装风挡并没有防弹功能。

强化了装甲的96式Ⅱ型轮式装甲车也登上历史舞台

截止到2014年底日本共生产了360辆96式轮式装甲车，基本上优先装备给北海道第七师团。所以在北海道，不仅是在坦克和普通部队，在通信、后方支援部队中都普遍装备着96式轮式装甲车，而在本州以南，该车仅仅在坦克部队和坦克支援部队中进行了部署。

后来日本又开发出了96式Ⅱ型轮式装甲车，在车体周边增加了装甲，此型号的装甲车主要装备于日本中央快速反应联队，用来执行海外任务。

坦克的好伙伴
89 式步兵战车

89 式步兵战车装备了大口径机炮和反坦克导弹,可以进行火力支援也可以保护步兵小队。

来源:日本陆上自卫队

可以使用导弹攻击其他坦克

虽然看上去和坦克有几分相似,但是与坦克共同行动、运送普通连队队员、提供火力支援才是 89 式步兵战车的任务。

以前的装甲车只负责运送协同坦克作战的小队步兵,类似于"装甲巴士",89 式步兵战车拥有大口径机炮及反坦克导弹,可以为己方坦克提供火力支援,并且在坦克不在的时候保护小队步兵,与 73 式装甲车不同的是可以积极地参与战斗。

73 式装甲车因为考虑到浮航能力,采用了铝合金车身,89 式步兵战车放弃了浮航能力,优先提高防御力,采用了防弹钢板车身,车组人员包括 1 名驾驶员、1 名炮手、1 名车长,同时还可容纳 7 名士兵。

动力方面,89式步兵战车装备日本三菱公司SY31WA水冷四冲程直列式6缸柴油发动机,最高时速可达到70千米。

由于成本过高导致生产数量较少

89式步兵战车的主要武器是瑞士厄利空公司生产的KDE35毫米口径机炮，除去坦克之外也可击毁其他作战车辆。此外，该车还可在炮塔左右两侧安装重型反坦克导弹，拥有如此火力，该车可以和坦克进行对抗。

该车在机炮左侧安装了1挺74式7.62毫米口径并列机枪，可对人员等软目标进行攻击。

此外，89式步兵战车也搭载了火力控制系统及炮手和车长用的红外线探测仪等高科技装备，在炮塔上面配备有和90式坦克一样的传感器测距仪，在后部士兵舱中也设计了6个射击孔，士兵通过6个射击孔可对外进行火力压制。

但是，高性能带来的就是高成本，作为装甲车，89式步兵战车要比74式坦克的成本还要高，达到了7亿日元。由此，除去培训用车外，89式步兵战车只在北海道第七师团进行部署，本州岛上仅在富士学校进行了部署用于培训。

89式步兵战车车体两侧和后方都设计有上下车舱门。　　　　　　来源：yoshiki kato

89式步兵战车在炮塔两侧搭载的79式反坦克导弹发射装置。　　　　　来源：100yen

DATA 基本数据

长　　度：	6.8米
宽　　度：	3.2米
高　　度：	2.5米
重　　量：	26.5吨
最大速度：	70千米每小时
发 动 机：	液冷式四冲程直列6气缸柴油涡轮发动机
乘　　员：	10人
武　　装：	35毫米口径机炮 7.62毫米口径机枪 12.7毫米口径重机枪

日本陆上自卫队机械化的大功臣
LAV 轻型装甲车

LAV 轻型装甲车是小松制作所研发的机动战斗车辆。　　　　　　来源：日本陆上自卫队

截止到现在共交付 1700 辆

LAV 轻型装甲车是日本陆上自卫队拥有数量最多的装甲车。2001 年开始部署,最鼎盛时期厂家一年交付 180 辆,目前共有 1700 多辆 LAV 轻型装甲车服役,可以说该车是日本陆上自卫队机械化的大功臣。

1994 年该车由小松制作所开发,1997 年至 1999 年共制造 7 辆试验车,经过各种试验后于 2000 年 11 月交付部队,命名为 LAV 轻型装甲车。

该车车体采用前置发动机、四轮驱动,但是并没有使用防弹钢板,而是像其他民用车辆一样使用了普通钢板,减少了成本,此外,该车内饰等部件都采用了民用车辆级别的部件。

该车标配并没有固定武器装备,但是在车体顶部设计有大型圆形舱门,可以在车顶架设一挺 5.56 毫米口径机枪,也可装备 01 式轻型反坦克导弹,有些车

第六章 日本陆上自卫队的装备

该车士兵舱可容纳半个步兵小队（4人）。车顶设计有圆形舱门，可以架设小型武器装备射击。
来源：hayuki / Veno

还装有烟幕弹发射器。

活跃在国际维和行动前线

2006年后日本对装备的LAV轻型装甲车进行了改良，其侧面和后部舱门的防弹性能得到提升，在车身后部增设备用轮胎和备用燃料桶及安装工具。

LAV轻型装甲车作为日本陆上自卫队的装甲车辆，是日本第一次把空调作为标准装备的车辆。据说该车派到伊拉克时空调非常有用，让当地的美国和荷兰的官兵都羡慕不已。

LAV轻型装甲车由于装甲较薄，重量较轻，所以可以长距离移动，很适合海外维和行动。近年来日本航空自卫队也装备了LAV轻型装甲车，到现在为止装备了大约120辆。

日本自卫队在伊拉克执行任务时为了避免误伤在车身贴上了日本国旗的标志。　　来源：Fae

DATA	基本数据
长　　度：	4.2米
宽　　度：	2米
高　　度：	1.8米
战斗重量：	5.5吨
最大速度：	100千米每小时
武　　装：	无自带武装

保护国民免遭恐怖袭击和自然灾害
防核生化武器侦察车（NBC 侦察车）

NBC 侦察车车体上部搭载 12.7 毫米口径 M2 重机枪。乘员可以在车内进行遥控操纵。

来源：DDmurasame

可以应对化学战及生物战

NBC 侦察车从 2010 年开始服役，是防核生化武器的新型车辆。

目前共有 17 辆 NBC 侦察车服役，最终日本大约可以部署 50 辆左右。

NBC 侦察车全身防弹，采用 8 轮驱动，车身长 8 米，比 96 式轮式装甲车还要长。此外，车内搭载各种侦测仪器，车身高约 3.2 米，重量为 20 吨，在日本陆上自卫队装甲车中算是大块头了。

NBC 侦察车于 2005 年开始由小松制作所负责研发，2009 年研发完毕，单车造价约 6.3 亿日元。

当初厂家本来考虑沿用 96 式轮式装甲车的车体，但是从长远的角度来看，还是重新设计车体比较好。

具备防核污染的能力

从 NBC 侦察车悬架装置、轮胎尺寸到发动机配置，与现有的日本制造轮式装甲车不同，设计人员首次在车体前侧面配备了上下用舱口。

第六章 日本陆上自卫队的装备

NBC 侦察车发动机设置在右侧,这样可以保证从舱门直达驾驶席。
来源:DDmurasame

车身后部收纳着各种传感器和采样用的手柄。以往的化学防护车采样使用遥控式手动装置,由于操纵起来需要相当的熟练度,因此 NBC 侦察车改为伸展机械手。

另外,车体顶部装有风向传感器、生物剂检测用的气雾剂入口、化学剂监视装置等,除此之外,还装备了与化学防护车同样可在车内操作的遥控式 12.7 毫米口径机枪架,为防备核能灾害,士兵也可以在车体前面安装核防护板。

驾驶席的窗户上面有铁板覆盖,在铁板关闭时通过观察孔观察外部路况。 来源:DDmurasame

DATA 基本数据

长　　度:	8 米
宽　　度:	2.5 米
高　　度:	3.2 米
重　　量:	20 吨
最 大 速 度:	95 千米每小时
乘　　员:	4 人
武　　装:	12.7 毫米口径重机枪

145

装甲部队防空的关键
87式自行高射炮

87式自行高射炮拥有跟踪雷达和搜索雷达，可以对地面和空中的目标发动进攻。　　来源：EUPARO

装备35毫米口径机炮和雷达

87式自行高射炮是野战防空车辆，为了能够随装甲部队和机械化部队行动，在坦克的底盘上搭载了装备了大口径机炮的大型炮塔。

87式自行高射炮底盘沿用了74式坦克底盘。首先，作为对空自行高射炮，前部的装甲变薄了，74式坦克在操纵者的右侧有预备的炮弹架，在87式自行高射炮上为了给车载计算机供电改为了发电机。

其乘员为装弹手、射手、车长3人，和坦克一样，驾驶员从底盘进入车内，剩余两人从炮塔进入车内。在炮塔两侧装备的是瑞士制造的35毫米口径KDA机炮，在炮塔后部搭载的搜索雷达负责周边低空警戒工作，发现目标时用跟踪雷达进行辅助攻击。另外，为了自卫，在炮塔底部左右侧面各装备了烟雾弹发射器。

另外，35毫米口径机炮也可进行水平射击，日本民众可以通过富士综合火力演习看到这一情形。

第六章 日本陆上自卫队的装备

以 74 式坦克的底盘为基础加装两门 35 毫米口径机炮。　　　　　来源：sugichan-sugizo

由于成本过高只生产了 52 辆

87 式自行高射炮可以进行高精度射击，搭载的计算机系统要比坦克的性能更高，同时为了避免计算机系统崩溃导致无法进行射击，车内还装备了低光度电视摄影机、红外线夜视仪以及光学跟踪系统等。

然而，装备这些先进系统导致 87 式自行高射炮的成本十分高，相当于 90 式坦克的两倍约 15 亿日元，在日本陆上自卫队里面也是最昂贵的装备了。所以从 1987 年交付开始，一共只交付了 52 辆。除了高射炮学院配备用于培训之外日本只在北海道第二师团、第七师团进行了部署。

除了培训用车外 87 式自行高射炮只部署在北海道地区。　　　来源：日本陆上自卫队

DATA 基本数据

长　　度：	7.99 米
宽　　度：	3.18 米
高　　度：	4.4 米
重　　量：	38 吨
最大速度：	53 千米每小时
发 动 机：	气冷 V 型 10 汽缸柴油发动机
功　　率：	720 马力
乘　　员：	3 人
武　　装：	35 毫米口径高射机炮 2 门

147

北海道的最新自行火炮
99式自行榴弹炮

99式自行榴弹炮可以一边射击一边移动。　　　　　　　来源：日本陆上自卫队

沿用了89式装甲车底盘并进行了扩大

99式自行榴弹炮是日本为了替代老旧的75式自行榴弹炮而开发的履带式自行火炮。日本从1987年就开始研究了，但是真正的研发是从1994年开始的，在制作了4辆试验车后，于1999年开始制式化生产。

99式自行榴弹炮的车体采用全焊接结构，沿用了89式装甲车的组件。但是由于搭载大型炮塔，所以对车体进行了扩大化改进，与89式装甲车相比增加了一对负重轮，每侧共7个负重轮。

99式自行榴弹炮在前部右侧设有驾驶员席，左侧设有动力舱，车体后部设

99式自行榴弹炮射程通常为30千米，用增程弹药的话可以达到40千米。　来源：日本陆上自卫队

有战斗室，尾部设有左右对开的舱口，从这里进入战斗室。另外，在车体前部上方居中的位置还设计有固定炮身用的锁臂。

动力装置方面，发动机为三菱重工业公司制造的直列 6 缸四冲程增压柴油机，最大功率 600 马力，与 89 式步兵战车的动力装置一样，自动变速器有 4 个前进挡，2 个后退挡。

发射速度快，最大射程可超过 40 千米

99 式自行榴弹炮的炮塔是铝合金的全焊接构造，炮塔后部搭载有自动装弹机，实现了自动化和高发射速度。

主炮是日本制钢所开发的 52 倍径 155 毫米口径榴弹炮，为了实现长射程，炮身长达 8 米，可以说是非常长，其特征是前端安装有多孔式炮口制退器。

该炮最大发射速度为 1 分钟 6 发，3 分钟 18 发，发射普通榴弹时最大射程通常为 30 千米，发射底部排气弹为 40 千米，实际上还会长 10 千米左右。

除去培训用之外，99 式自行榴弹炮计划全部装备于北海道师团的部队。

99 式自行榴弹炮部署于北海道。　　　　　来源：B_A_T_

DATA	基本数据
长　　度：	11.3 米
宽　　度：	3.2 米
高　　度：	4.3 米
重　　量：	40 吨
最 大 速 度：	49.6 千米每小时
主 发 动 机：	液冷直列 6 缸四冲程增压柴油机
功　　率：	600 马力
乘　　员：	4 人
武　　装：	155 毫米口径榴弹炮 12.7 毫米口径重机枪

具有良好适应性的多用途导弹
中程多用途导弹系统

该系统6枚导弹被收纳于折叠架上的发射筒内。　　　　　　　　　来源：日本陆上自卫队

发射后不需要人工引导的导弹

中程多用途导弹系统是日本陆上自卫队最强的多用途导弹系统。

中程多用途导弹系统原先是在XATM-6导弹的基础上开发的。79式反坦克导弹的替代品96式多功能导弹由于成本高、结构复杂等原因，并没有大量部署。由此，日本开发了一种多用途导弹系统，而其结构也简单到只有一辆发射车。

该系统通过热成像技术或毫米波雷达捕获目标，导弹自动追踪目标，发射后不需要人工引导。由此，该系统可以在1秒的间隔内连续发射数枚导弹，这是以前同类型导弹不能实现的。

可由CH-47直升机运输

这一款中程多用途导弹系统具有较高的自主能力，采用了高机动车辆车载发射的形式。它可以和其他反坦克导弹一样在地面上布置完整的发射系统，也可以将瞄准系统和发射系统分开进行操作。

第六章 日本陆上自卫队的装备

中程多用途导弹系统的发射装置和雷达。

来源：yasu_osugi

中程多用途导弹系统搭载于高机动性车辆上。用热成像技术或毫米波雷达捕捉敌人。

来源：yasu_osugi

加了其机动性。

　　该系统从 2009 年开始部署，和 96 式多功能导弹的部署速度不同，它以每年超过 10 套的速度进行部署，截止到 2014 年已部署 75 套。日本已完成对教导部队的配备，现在正推进在第四师团、第十二旅团、第十五旅团等部队的装备。

　　因为中程多用途导弹系统大部分都是搭载于高机动车辆上的，所以可以用 CH-47 等大型运输直升机运输，大大增

DATA 基本数据

导弹长度	1.4 米
导弹直径	0.14 米
重　　量	26 千克

151

日本陆上自卫队的主力导弹
03 式中距地空导弹

03 式中距地空导弹雷达车,搜索、追踪目标后测算发射数据,指引发射装置进行导弹发射。

部分能力要比"爱国者"防空导弹强

03 式中距地空导弹是日本陆上自卫队最引以为傲的新型地空导弹系统。

作为日本特种高射炮部队使用的"霍克"地空导弹的后继导弹,03 式中距地空导弹是集日本电子科技于一身,部分能力甚至要强过"爱国者"的导弹。

此外,和"霍克"地空导弹不同的是,03 式中距地空导弹系统的所有装备都搭载于高机动车辆或 8 轮卡车(三菱重工制)上,机动性大幅提升。

03 式中距地空导弹部署于日本东部方面军下属的第 2 高射炮特种科群,中部方面军下属的第 8 高射炮特种科群,冲绳第十五旅团下属的第 15 高射炮特种连队。

当初日本陆上自卫队本打算将高射炮特种科群现有的"霍克"地空导弹全部更新为 03 式中距地空导弹,但是由于一套 03 式中距地空导弹的造价高昂,还没有实现完全更换,现在日本正在研发加入了很多民用科技使得成本有所下降的 03 式中距地空导弹的改进版。

第六章 日本陆上自卫队的装备

03式中距地空导弹可以实现与其他作战单位的数据连接。　　　　　　　　来源：Los688

可以与日本航空自卫队的 E-767 预警机合作

该导弹发射筒及弹药车中各可储存6枚导弹，采取了垂直发射的方式可以不调整方向发射，因此大大缩短了发射准备时间，并采用了主动引导和指令引导两种引导方式。

该导弹雷达采用了主动有源相控阵雷达，可以实现从搜索到追踪再到火力控制的一体化操作。同时具有电子反干扰能力和同时处理多个目标的能力，也具备应对空地导弹和巡航导弹的能力。

此外，03式中距地空导弹的对空作战指挥系统可以和日本航空自卫队的E-767预警机进行数据连接，第2高射炮特种科群也正在与日本航空自卫队的中部方面部队进行日本自卫队自动防空管制系统的连接演习。

雷达数据处理车具有高机动性，可以对突发事件进行快速反应。

DATA	基本数据
导弹长度：	4.9 米
导弹直径：	0.32 米
重　　量：	约 570 千克
弹头重量：	73 千克
射　　程：	50 千米以上

153

以岛屿防卫为主要任务并在九州部署
AH-64D"阿帕奇"武装直升机

日本陆上自卫队目前不具有可以与 AH-64D"阿帕奇"武装直升机进行情报共享的武器装备。

来源:日本陆上自卫队

生存性和火力都很强大的武装直升机

AH-64D"阿帕奇"武装直升机是日本陆上自卫队于 2002 年引进的。

AH-64D"阿帕奇"武装直升机最大的特征可以说是生存性极高,在双人座椅的周围布满了防弹材料,在双人座椅的中间也设计有防弹玻璃,此外,驱动系统中最薄弱的传动装置周围也有装甲包裹。

该直升机转子相较于其他直升机更坚韧,主旋翼杆亦能承受 12.7 毫米穿甲弹以及少量 23 毫米高爆弹的直接命中。此外,AH-64A"阿帕奇"武装直升机使用通用动力的两台 T-700-GE-701 涡轴发动机,其中一台中弹后并不会影响到第二台发动机,为了防止红外线侦测,也具有降低排气口温度的设计。

AH-64D"阿帕奇"武装直升机具有强大的火力,在机体前部装有 M-230 30 毫米口径机炮,在两个短翼上可悬挂"海蛇怪-70"火箭发射器或是 AGM-114"地狱火"反坦克导弹导弹发射架。此外,也可以搭载 AIM-92 空空导弹。

由于价格过高最终只引进 13 架

日本陆上自卫队原计划从 2002 年开始引进 62 架"阿帕奇"武装直升机。虽

第六章 日本陆上自卫队的装备

AH-64"阿帕奇"武装直升机可以装备毒刺空空导弹。　　　　　　　　　来源：Los688

然富士重工取得了生产许可证，但是每年也只能交付两架，造价要比美国陆军的"阿帕奇"高。同时由于美国波音公司也终止了日本陆上自卫队引进机型的生产，所以最终日本引进了13架。

交付的AH-64D"阿帕奇"武装直升机在飞行试验队的驾驶下，在九州的酷暑地和北海道的积雪寒冷地进行试验，并在美国的亚利桑那州进行了实弹射击等试验之后交付部队使用。现在部署于日本西部方面部队的第3反坦克直升机队用于执行岛屿防卫任务，同时也部署于飞行试验队和航空学校。

AH-64"阿帕奇"武装直升机可以悬挂链式机枪和火箭弹。　　　来源：日本陆上自卫队

DATA 基本数据

长　　度：	17.73米
宽　　度：	14.63米
高　　度：	4.9米
重　　量：	10400千克
发 动 机：	2台T-700-GE-701发动机
乘　　员：	2人
武　　装：	30毫米口径机炮 AGM-114"地狱火"反坦克导弹 70毫米火箭弹 "毒刺"空空导弹

日本陆上自卫队最初的武装直升机
AH-1S 武装直升机

AH-1S 武装直升机驾驶舱前座是射手座兼副驾驶座席,驾驶席比副驾驶席要靠后,也会高一些。
来源:日本陆上自卫队

在越战中证明了武装直升机的名号

AH-1S 武装直升机是日本陆上自卫队最初引进作为反坦克直升机的机型。其原型是 AH-1 武装直升机,AH-1 武装直升机在越南战争期间由美国研发而成。最初的量产机型 AH-1G 武装直升机在越战中取得了令人惊奇的战绩,被美国和世界各国的陆军所引入。

AH-1 武装直升机为了追求速度和隐身性,驾驶舱宽度仅为 99 厘米。最大速度可以达到 315 千米每小时,比 UH-1 直升机还要快 100 千米每小时,正面面积也只有 UH-1 直升机正面面积的三分之一。座席布局采用了前方为射手座,后方为飞行员座的串列结构,此结构后来也成为武装直升机的标准座席结构。

AH-1G 武装直升机机体下方的炮塔上部有 7.62 毫米口径机枪和 40 毫米口径榴弹发射器,机体两侧的短翼可悬挂 70 毫米口径火箭弹和 20 毫米口径机炮。AH-1Q 武装直升机强化了反坦克能力,在炮塔上安装了 20 毫米口径航空机炮,短翼上可悬挂陶氏反坦克导弹或者 70 毫

第六章 日本陆上自卫队的装备

AH-1S 武装直升机发射陶氏反坦克导弹。　　　　　　　　　　　　　　来源：日本陆上自卫队

米口径的火箭弹发射器。

共引入 90 架组成 5 支反坦克直升机队

日本陆上自卫队于 1979 年和 1980 年分别引进 1 架 AH-1S 直升机进行测试，最终决定引入 AH-1S 直升机。富士重工获得生产许可。

日本陆上自卫队的五个方面部队各配备一支反坦克直升机队，截止到 1995 年共装备 90 架 AH-1S 武装直升机。这其中，73 号直升机以后的机体都装备了红外线探测仪和红外线成像仪，射手用的瞄准系统也更新成了现代化的 C-NITE 系统。此外，为了避免火箭弹发射时候燃烧大量氧气导致直升机发动机输出功率降低，很多 AH-1S 直升机也给机体安装了防护罩。

由于多年以来作为日本陆上自卫队反坦克直升机主力的 AH-1S 武装直升机逐渐老化，日本自卫队保有数量也在逐年降低。

AH-IS 武装直升机特征之一是机体纤细，驾驶舱大概只有 99 厘米宽。　　　来源：日本陆上自卫队

DATA 基本数据

长　　度	16.18 米
高　　度	4.19 米
重　　量	4536 千克
最大速度	260 千米每小时
发 动 机	1 台 T53-K-703 发动机
乘　　员	2 人
武　　装	M197 20 毫米口径航空机炮 陶氏反坦克导弹 70 毫米火箭弹

日本陆上自卫队航空运输的顶梁柱
CH-47J/JA 直升机

除了日本陆上自卫队，日本航空自卫队也引进该机型作为运输机。　　　　来源：日本陆上自卫队

除士兵和货物外还可运送车辆

日本陆上自卫队所配备的CH-47J/JA直升机，从1962年首飞至今已经过去了半个多世纪，仍然是世界畅销的大型直升机。

CH-47J直升机采用前后纵列布置反转旋翼，增大了机舱容积，提高了运输能力。最大载货量为9吨，运送人员的情况下一般可搭载38人，最多可搭载55人，或搭载2辆轻型车辆。另外，机体的后方设有上下打开的坡道舱门，可以方便地进行轻型车辆和大型货物的搬入、搬出。

由于日本陆上自卫队长期使用KV-107Ⅱ直升机，因此CH-47J直升机的引进相对较晚，从1986年开始。

日本陆上自卫队针对引进的CH-47J直升机进行了一系列本土化的改进，发动机采用的是川崎重工被授权生产的T55-K-712。CH-47J直升机截止到1995年共生产了34架，从第35架之后就进行了日本特色的改装。

CH-47JA 直升机增长了续航距离并装备了现代化的电子设备

CH-47JA 直升机将机身两侧的外置浮筒式油箱进行了扩容,这样的话 CH-47JA 直升机相比 CH-47J 直升机增加了接近一倍的续航距离,达到 1037 千米。此外,由于要在海上执行任务,所以 CH-47JA 直升机也加装了 GPS 系统、惯性导航系统、气象雷达、前视红外雷达等,仪表盘也可以适应昏暗的环境。

一部分 CH-47JA 直升机由于要执行海外任务,所以也配备了空气粒子分离系统(EAPS)、多阵列点胶系统、导弹警报系统、特殊防弹板以及卫星电话等。另外,该直升机也可以在机体前部的机舱门和紧急逃生门上装备自卫用的机枪。

CH-47J/JA 直升机现在部署在日本第一直升机团、第十二旅团、第十五旅团

日本第 1 直升机队第 2 飞行队的直升机正在运输车辆。

以及西部方面部队的直升机梯队,第一直升机团的 CH-47J 直升机在 2011 年发生的福岛核泄漏事故中曾执行过向原子炉投放冷却水的任务。

CH-47JA 直升机最多可载 9 吨货物,小型车辆或大型货物可非常方便地实现搬运。
来源:Satoshi Hashimoto

DATA	基本数据
长 度:	30.18 米
宽 度:	16.26 米
高 度:	5.69 米
重 量:	22680 千克
巡航速度:	270 千米每小时
发 动 机:	2 台 T55-K-712 发动机
乘 员:	2 人
武 装:	无

单兵携带反坦克武器
110毫米反坦克火箭弹

日本陆上自卫队中一般由三级士官担任火箭弹射手。　　　　　　　　　来源：DDmurasame

连瞄准装置都可以抛弃的单兵武器

110毫米反坦克火箭弹作为单兵携带型反坦克武器，与01式"轻马特"反坦克导弹一样，在日本陆上自卫队中普遍装备。

110毫米反坦克火箭弹全称为轻型反坦克弹药（Light weight Anti-tank Munitions），在部队中大多使用它的简称"拉姆"或者商品名称"铁拳"来称呼它。

110毫米反坦克火箭弹是由德国公司开发的一次性反坦克火箭弹，日本陆上自卫队从1989年获得授权开始生产，1990年开始装备部队。

110毫米反坦克火箭弹由发射装置（瞄准装置）、弹头、发射筒三部分组成，其中发射装置是可拆卸的，也只有发射装置可以再利用。但是在实战中火箭弹发射后一般没有时间对发射装置进行拆卸，所以根据情况也可以丢弃发射装置。

第六章 日本陆上自卫队的装备

日本陆上自卫队的110毫米反坦克火箭弹。 来源：lasta29

在建筑物内也可以发射

该火箭弹发射时只有前端的弹头会飞出，射出的弹头会在空中展开翼片，启动火箭发动机加速冲向目标。

110毫米反坦克火箭弹最大的特点是发射时基本不会产生后坐力和向后喷射的火焰。由此，可以在建筑物内或者人员密集的阵地中发射，实用性非常强。同时隐蔽性也很好。

攻击力方面，由于弹头为110毫米，所以威力很大，可以摧毁大部分坦克，但是射程是它的短板，针对移动目标射程只有300米、固定目标的话射程可达到400米。

该火箭弹发射后的发射筒可以当作弹壳丢弃。

DATA 基本数据

长　　　度：	1.4米
弹头直径：	11厘米
弹体重量：	4.2千克
总 重 量：	13.9千克
有效射程：	固定目标400米、移动目标300米

聚焦

日本陆上自卫队的车辆小知识

坦克也可以在一般道路上行进

日本陆上自卫队把基地称为驻扎地。不称为基地是因为它仅仅是部队作战行动的据点，原日本陆军把永久驻扎点称为卫戍区，平时驻扎的地点称为驻扎地，日本陆上自卫队沿袭了这一传统。

日本陆上自卫队的步兵被称为普通科，训练和演习被称为状况，因陆上自卫队暂时不是军队，坦克也被称为特种车辆。

日本陆上自卫队很喜欢给武器装备起英文别称，像是把轻型装甲车称为 LAV 等。像 87 式侦察装甲车的别称"黑眼"、96 式自行 120 毫米口径迫击炮的别称"上帝之锤"等，连日本陆上自卫队的队员也基本不会使用。

日本陆上自卫队的车辆如果走普通道路的话也需要遵守交规。所以 90 式坦克之后研发的车辆都设计有汽车用转向灯，同时车辆宽度也都控制在日本《道路交通法》规定的 2.5 米以内。

日本名寄驻屯地创立 60 周年庆典仪式，装甲车在普通道路上行驶。　　　　来源：日本陆上自卫队

来源：日本陆上自卫队

第七章

日本自卫队编制的变更

日本自卫队战力大揭秘

北部方面部队的第七师团是日本自卫队下属的一个装甲师团,通过车体上的标志可以看出所属部队。
来源:Taku

守护日本和平的三张防御网
日本自卫队的编制

日本陆上自卫队

　　日本陆上自卫队分为北部、东北、东部、中部、西部五个方面部队以及中央应变集团和其他一些部队。

　　北部部队下辖日本陆上自卫队唯一的装甲师团第七师团、第五师团以及第十一旅团,东北方面部队下辖第六师团、第九师团,东部方面部队下辖第一师团、第十二旅团,中部方面部队下辖第三师团、第十团以及第十三旅团、第十四旅团,西部方面部队下属第四师团、第八师团。

　　此外日本中央应变集团下辖第1空降兵团、第1直升机团、中央应变连队、特种作战部队、中央特种武器防护部队、特种生化武器应对部队以及会计、情报、

第七章 日本自卫队编制的变更

运输等后方支援模块，中央应变集团听从日本防卫大臣直接指挥。

现在日本陆上自卫队的师团和旅团，被改编成适合大都市圈防卫作战的政治中枢防卫型师团、以直升机为中心的空中机动旅团、以岛屿防卫为主要任务的岛防型旅团等符合地域及武器装备特性的部队，其他师团和旅团也进行改革，变化成为不依靠特定地区，随时保持机动性的部队。

日本海上自卫队

日本海上自卫队由自卫舰队司令部指挥，下辖驱逐舰部队⊖、潜艇部队、扫雷部队以及拥有固定翼预警机、舰载直升机、救援水上飞机的航空部队。

驱逐舰部队由4支护卫队群组成，每个护卫队群由2支驱逐舰队组成，每支驱逐舰队包含4艘驱逐舰。基本上每2支驱逐舰队当中，其中1支舰队由1艘搭载舰载直升机的驱逐舰、2艘通用驱逐舰组成，另1支舰队由3艘通用驱逐舰、1艘导弹驱逐舰构成。

此外，日本海上自卫队在横须贺、舞鹤、大凑、佐世保、吴港这5个地方部署有部队，各地方队除了负责各地的防卫警备工作和救灾工作外，还在教育、补给、医疗等方面进行支援。除此之外，日本海上自卫队还拥有负责收集各种情报的情报部队、负责海洋观测或敷设海底电缆的海上作业部队、负责装备研发的研发部队、负责培训的教练舰队以及负责培训航空人员的航空教育部队。

日本航空自卫队

日本航空自卫队由航空总队指挥部

位于神奈川县横须贺市长浦港的日本自卫队舰队司令部。在日本自卫舰队之外，还有驱逐舰队、潜艇舰队的司令部。

⊖ 日本习惯叫护卫舰队，由于这支部队下辖的主力舰只是驱逐舰，故本书按驱逐舰部队称呼。——编者注

的作战部队以及其他部队构成。

日本航空总队下辖装备了地空导弹和战斗机的北部航空方面队、中部航空方面队、西部航空方面队,以及西南空混成团、航空救灾团、航空警戒队、航空侦察队以及为了训练飞行员的飞行教导队,为模拟战场环境,飞行教导队也担当着飞行员假想敌的角色。

不隶属于日本航空总队的部队包括航空支援集团、航空教育集团、航空开发试验集团、航空自卫队补给总部以及分管各基地及各驻扎地通信系统的通信部队。

日本航空自卫队的实战部队包括12支战斗机飞行队、1支侦察机飞行队、3支运输机飞行队、1支空中加油/运输机飞行队、6支高射群组成的地空导弹部队、4支警戒群构成的航空警戒管制部队以及24支警戒队,将来日本将会解散侦察机飞行队并增设1支战斗机飞行队。

位于东京都横田基地的日本航空自卫队航空总队司令部新大楼。

第七章　日本自卫队编制的变更

JTPS-P23 机动雷达车。　　　　　　　　　　　　　　来源：lasta29

随时提防入侵
沿岸监视队

也会执行救灾任务

为了保护日本的安全，在沿岸近海安排巡逻队监视其他舰艇和船舶的动态是必需的。担任此任务的就是沿岸监视队。

沿岸监视队最初是由各种兵种混编而成，主要任务是情报收集，但是在周边地区发生自然灾害时，队员会被派遣到当地参与救灾活动。

现在日本陆上自卫队设置有第 301、第 302 沿岸监视队以及中部方面移动监视队这 3 支监视队。

第 301 监视队住宅在稚内分屯基地和礼文分屯基地，监视着宗谷海峡。礼文分屯基地驻扎部队创立原因是当初雷达性能不高，没有监视四周的能力，但

日本自卫队战力大揭秘

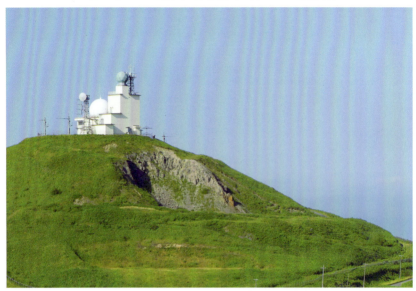

在北海道稚内市的第 301 沿岸监视队的监视雷达。雷达收纳于球形装置里面。　　来源：sahitori

是现在随着雷达性能的提升，礼文分屯基地驻扎部队的重要性也在下降，现在只是作为预备部队存在。

驻扎在标津分屯基地的第 302 沿岸监视队主要负责监视根室海峡。创立于 2013 年 3 月份，当初直属于北部方面队，现在属于北部方面情报部队的下属单位。

由于两支沿岸监视队都监视着和俄罗斯交界的海峡，所以也会被误认为执行国界线警备的任务，但其实担任国界线警备任务的部队是普通部队，所以监视队只配备了自卫战斗需要的轻武器，像是步枪、手枪、和 12.7 毫米口径机枪。收集的情报包括沿岸航行的舰艇、船舶以及不明漂浮物等。

第 301 沿岸监视队位于礼文分屯地的办公楼是最北端的日本自卫队了。　　来源：日本陆上自卫队

第七章 日本自卫队编制的变更

从 C-130 运输机上跳伞的自卫队员。他们接收到跳伞指令后一个接一个跳出。　　来源：日本陆上自卫队

将游击战战术融会贯通的精锐部队
第一空降团

在搜查奥姆真理教时期随时待命

空降团可以利用飞机实现部队的高速机动运输，深入敌后开展行动。

驻扎在千叶县习志野驻屯地的第一空降团的主要任务虽然是伞降和直升机空降作战，但正如部队口号"精锐无比"所展现的那样，它被定位为日本陆上自卫队最精锐的部队之一，队员的素质和训练强度也非常高，因此应对游击部队和正规部队也是主要任务。1999 年日本组建了 50 人规模的特种分队，采用轮编制度，这让第一空降团成为一支具备快速反应能力的精锐部队，2007 年第一空降团的实力获得了进一步提升，编制由东部方面部队转移到中央应变集团。

现在第一空降团由团总部、总部中队、第 1~3 普通科大队、高射特科大队（炮兵）、后方支援部队、通信中队、工程中队、空降教育队构成。

169

日本陆上自卫队逐步进化的作战服

根据兵种不同衍生多个种类

从创立开始到20世纪70年代，日本陆上自卫队一直使用一款橄榄色作战服。虽然说这样的做法是担心迷彩作战服会刺激到周边国家，但是在越南战争中迷彩作战服已被证明具有很好的实战效果，所以在假想北海道会发生大规模地面战争的基础上，日本还是设计了一款可以融入北海道陆生植物的迷彩服——迷彩服1号。

在那之后的1991年，依照日本全国陆生生物颜色开发的迷彩服2号也应运而生，2007年日本在迷彩服2号的基础上开发了迷彩服3号，增加阻燃材料和防静电技术，而且该迷彩服也更难被红外夜视仪发现，于是迷彩服3号配备给日本陆上自卫队、日本海上自卫队的基地警备部队、日本航空自卫队的航空救

很难被红外夜视装备发现的迷彩服3号。
来源：Seen7

援部队。虽然被称之为迷彩服2号和迷彩服3号，但是它们的正式名称分别为一般作战服、迷彩作业服。

此外，日本迷彩服还有很多衍生种类，包括增设了口袋的空降兵用迷彩服、具有更高阻燃度的装甲兵用迷彩服、日本派遣伊拉克的部队穿着的迷彩服2号以及防暑服4号等。

日本海上自卫队从2012年开始换上了同美国海军迷彩服类似的陆上作战迷彩服2号，日本航空自卫队也在迷彩服2号的基础上进行了更新，增加了灰色元素，从而设计出有自己风格的迷彩服。

身着迷彩服2号进行训练的队员。该服装进行了阻燃处理和防静电处理。

来源：美国海军

第八章

日本自卫队的演习照片

富士综合火力演习

2 辆 10 式坦克正在射击。来源：日本陆上自卫队

日本一线部队的 90 式坦克正在进行火力打击。这是继 61 式坦克、74 式坦克之后的日本第三代主战坦克。　　　　　来源：日本陆上自卫队

74武坦克。来源：日本陆上自卫队

99式155毫米口径自行榴弹炮。车体右前方为驾驶席，左侧为发动机舱。 来源：日本陆上自卫队

日本最大规模的实弹演习——富士综合火力演习,非常具有人气,一般民众通过抽签方式获得入场券。
来源:日本陆上自卫队

74 式坦克的 12.7 毫米口径 M2 重机枪部署在炮塔左侧,另外还装备 7.62 毫米口径机枪。　来源:日本陆上自卫队

74式坦克的夜间演习。该坦克装备了主动红外线夜视装备。 来源：日本陆上自卫队

99式自行榴弹炮登场时引起观众阵阵欢呼。来源：日本陆上自卫队

88式反舰导弹。可以攻击迫近日本海岸线的敌方舰船。　来源：日本陆上自卫队

富士综合火力演习后半段进行的直升机速降进攻训练。 来源：日本陆上自卫队

该图是日本防卫省技术研究本部和川崎重工开发的反坦克导弹系统中的中距离多功能导弹。 来源：日本陆上自卫队

以富士山为背景伞降的日本第一空降团的队员。 来源：日本陆上自卫队

120毫米口径迫击炮具备与轻型榴弹炮匹敌的射程。 来源：日本陆上自卫队

担任日本航空基地运输任务的 CH-47 直升机。
来源：日本陆上自卫队

87 式 35 毫米口径自行高射炮。
来源：日本陆上自卫队

203毫米口径自行榴弹炮在日本共部署 91 门。
来源：日本陆上自卫队

该图为日本自卫队队员侦察时使用的摩托车。
来源：日本陆上自卫队

正在从 CH-47 直升机后部索降的队员。
来源：日本陆上自卫队

环太平洋军事演习

在航海长后方的是"伊势号"直升机驱逐舰舰长。 来源：日本海上自卫队

参加环太平洋军事演习的"伊势号"直升机驱逐舰和"雾岛号"驱逐舰。 来源：日本海上自卫队

从美国海军登陆舰上拍摄的"伊势号"直升机驱逐舰。来源：美国海军

"伊势号"直升机驱逐舰。来源：日本海上自卫队

"雾岛号"驱逐舰正在发射导弹。
来源：日本海上自卫队

所有参加军演的战舰汇合后拍摄的纪念图片。以供外宣。来源：美国海军

P-3C 反潜机。日本海上自卫队共拥有 73 架,其中 3 架参加了环太平洋军事演习。　　来源:日本海上自卫队

在珍珠港入港的加拿大"维多利亚号"潜艇和日本的"伊势号"直升机驱逐舰。　来源：加拿大海军

日本陆上自卫队西普连也参与了环太平洋军事演习，他们在美国海军陆战队的基地进行训练。
来源：日本陆上自卫队

在珍珠港集结的各国军舰,离我们最近的就是"伊势号"直升机驱逐舰。 来源:美国海军

P-3C反潜机的驾驶舱排列着复杂的操作系统。 来源:日本海上自卫队

聚焦

升级的日美联合军演

更多样的两栖作战训练和救灾演习

二战后日美签署了安保条约,如果日本遭受大规模入侵的话美军将协助日本自卫队作战。由此,日本自卫队和美国军队为了更好地磨合进行了一系列联合训练。

日本海上自卫队从 1955 年扫雷联合演习、1957 年反潜联合演习开始参与联合军演。1978 年日美签订《日美防卫合作指导方针》后,日本陆上自卫队和日本航空自卫队也参与到了联合军演中。

日美联合训练的方向也在发生变化,冷战时期训练的主要方向是要抵抗最大假想敌苏联的入侵。但是,现在训练的方向已经转向岛屿防卫所不可或缺的两栖作战能力,以及日本国内外大型灾害的救灾演习。

此外,近年来联合训练更加多样化。日本航空自卫队参加了美国空军主导的"红旗-阿拉斯"加军演,与澳大利亚空军战斗机进行了模拟战斗。在美国主导的环太平洋军事演习中,日本海上自卫队有了与除美国外其他国家军队共同训练的机会,在美国的介入下,日本自卫队与其他国家军队共同训练的机会也在逐渐增多。

联合训练对于日美两国部队提升技战术能力都有益处。
来源:日本陆上自卫队